AF197775

EinFach
Deutsch

Friedrich Hebbel

Maria Magdalena
Ein bürgerliches Trauerspiel

Erarbeitet, mit Anmerkungen und Materialien
versehen von Yomb May

Herausgegeben von
Johannes Diekhans

Die Textausgabe basiert im Wortlaut auf folgender Ausgabe: Friedrich Hebbel: Werke. Zweiter Band. Herausgegeben von Gerhard Fricke, Werner Keller und Karl Pörnbacher. München: Hanser Verlag 1964.
Rechtschreibung und Interpunktion wurden behutsam den heute geltenden Regeln angepasst.

westermann GRUPPE

Druck A[5] / Jahr 2019
Alle Drucke der Serie A sind im Unterricht parallel verwendbar.

Umschlaggestaltung: Jennifer Kirchhof
Druck und Bindung: Westermann Druck GmbH, Braunschweig

ISBN 978-3-14-**022606**-6

Friedrich Hebbel: Maria Magdalena
Ein bürgerliches Trauerspiel

Vorwort zu „Maria Magdalena"

betreffend das Verhältnis der dramatischen Kunst zur Zeit und verwandte Punkte

Das kleine Vorwort, womit ich meine Genoveva[1] begleitete, hat so viel Missverständnis und Widerspruch hervorgerufen, dass ich mich über den darin berührten Hauptpunkt noch einmal aussprechen muss. Ich muss aber ein ästhetisches Fundament, und
5 ganz besonders einigen guten Willen, auf das Wesentliche meines Gedankenganges einzugehen, voraussetzen, denn wenn die Unschuld des Worts nicht respektiert und von der dialektischen Natur der Sprache[2], deren ganze Kraft auf dem Gegensatz beruht, abgesehen wird, so kann man mit jedem eigentümlichen Aus-
10 druck jeden beliebigen Wechselbalg erzeugen, man braucht nur einfach in die Bejahung der eben hervorgehobenen Seite eine stillschweigende Verneinung aller übrigen zu legen.
Das Drama, als die Spitze aller Kunst, soll den jedesmaligen *Welt-* und *Menschenzustand* in seinem *Verhältnis* zur *Idee*, d. h. hier zu
15 dem alles bedingenden sittlichen Zentrum, das wir im Weltorganismus, schon seiner Selbsterhaltung wegen annehmen müssen, veranschaulichen. Das Drama, d. h. das höchste, das Epoche machende, denn es gibt auch noch ein *zweites* und *drittes*, ein *partiell-nationales* und ein *subjektiv-individuelles*, die sich zu jenem
20 verhalten wie einzelne Szenen und Charaktere zum ganzen Stück, die dasselbe aber so lange, bis ein alles umfassender Geist erscheint, vertreten, und wenn dieser ganz ausbleibt, als disjecti membra poetae[3] in seine Stelle rücken, das Drama ist nur dann *möglich*, wenn in diesem Zustand eine entscheidende *Verände-*
25 *rung* vor sich geht, es ist daher durchaus ein Produkt der Zeit, aber freilich nur in dem Sinne, worin eine solche Zeit selbst ein

---

[1] Hebbel meint sein 1843 erschienenes Charakterdrama.
[2] von Sophisten entwickelte Argumentationstechnik, die sich aus These, Antithese und Synthese zusammensetzt
[3] die zerrissenen Glieder des Dichters (Horaz, Sat. I, 4,62); Hebbel verwendet den Ausdruck hier, um die vorläufigen, unvollkommenen Dramentypen zu charakterisieren.

Produkt aller vorhergegangenen Zeiten ist, das verbindende Mittelglied zwischen einer Kette von Jahrhunderten, die sich schließen, und einer neuen, die beginnen will.

Bis jetzt hat die Geschichte erst zwei Krisen aufzuzeigen, in welchen das höchste Drama hervortreten konnte, es ist demgemäß auch erst zweimal hervorgetreten: einmal bei den *Alten*, als die antike Weltanschauung aus ihrer ursprünglichen Naivetät[1] in das sie zunächst auflockernde und dann zerstörende Moment der Reflexion überging, und einmal bei den *Neuern*, als in der christlichen eine ähnliche Selbstentzweiung eintrat. Das griechische Drama entfaltete sich, als der Paganismus[2] sich überlebt hatte, und verschlang ihn, es legte den durch alle die bunten Göttergestalten des Olymps[3] sich hindurchziehenden Nerv der Idee bloß, oder, wenn man will, es gestaltete das Fatum[4]. Daher das maßlose Herabdrücken des Individuums, den sittlichen Mächten gegenüber, mit denen es sich in einen doch nicht zufälligen, sondern notwendigen Kampf verstrickt sieht, wie es im Ödip[5] den Schwindel erregenden Höhepunkt erreicht. Das Shakespeare'sche Drama entwickelte sich am Protestantismus und emanzipierte das Individuum. Daher die furchtbare Dialektik seiner Charaktere, die, soweit sie Männer der Tat sind, alles Lebendige um sich her durch unangemessenste Ausdehnung verdrängen, und soweit sie im Gedanken leben, wie Hamlet, in ebenso ungemessener Vertiefung in sich selbst durch die kühnsten entsetzlichsten Fragen Gott aus der Welt, wie aus einer Pfuscherei, herausjagen möchten.

Nach Shakespeare hat zuerst *Goethe* im *Faust* und in den mit Recht dramatisch genannten *Wahlverwandtschaften* wieder zu einem großen Drama den Grundstein gelegt, und zwar hat er getan, oder vielmehr zu tun angefangen, was allein noch übrig blieb, er hat die Dialektik unmittelbar in die Idee selbst hineingeworfen, er hat den Widerspruch, den Shakespeare nur noch im

---

[1] hier im Sinne von unverdorbener Natürlichkeit
[2] Heidentum
[3] des Wohnsitzes der griechischen Götter
[4] Schicksal
[5] *König Ödipus*, Tragödie des griechischen Dichters Sophokles (495–406 v. Chr.)

Ich aufzeigt, in dem Zentrum, um das das Ich sich herum be-
wegt, d. h. in der diesem erfassbaren Seite desselben, aufzuzeigen, und so den Punkt, auf den die gerade, wie die krumme Linie
zurückzuführen schien, in zwei Hälften zu teilen gesucht. Es
5 muss niemand wundern, dass ich Calderón[1], dem manche einen
gleichen Rang anweisen, übergehe, denn das Calderón'sche Drama ist allerdings bewunderungswürdig in seiner konsequenten
Ausbildung und hat der Literatur der Welt in dem Stücke „Das
Leben ein Traum" ein unvergängliches Symbol einverleibt, aber
10 es enthält nur Vergangenheit, keine Zukunft, es setzt in seiner
starren Abhängigkeit vom Dogma voraus, was es beweisen soll,
und nimmt daher, wenn auch nicht der Form, so doch dem Gehalt nach, nur eine untergeordnete Stellung ein.
Allein Goethe hat nur den Weg gewiesen, man kann kaum sagen,
15 dass er den ersten Schritt getan hat, denn im Faust kehrte er, als
er zu hoch hinauf und in die kalte Region hineingeriet, wo das
Blut zu gefrieren anfängt, wieder um, und in den Wahlverwandtschaften setzte er wie Calderón voraus, was er zu beweisen oder
zu veranschaulichen hatte. Wie Goethe, der durchaus Künstler,
20 großer Künstler war, in den Wahlverwandtschaften einen solchen
Verstoß gegen die innere Form begehen konnte, dass er, einem
zerstreuten Zergliederer[2] nicht unähnlich, der, statt eines wirkli-
chen Körpers, ein Automat auf das anatomische Theater[3] brächte,
eine von Haus aus nichtige, ja unsittliche Ehe wie die zwischen
25 Eduard und Charlotte zum Mittelpunkt seiner Darstellung machte und dies Verhältnis behandelte und benutzte, als ob es ein ganz
entgegengesetztes, ein vollkommen berechtigtes wäre, wüsste ich
mir nicht zu erklären; dass er aber auf die Hauptfrage des Romans nicht tiefer einging, und dass er ebenso im Faust, als er
30 zwischen einer ungeheuren Perspektive und einem mit Katechis-
musfiguren bemalten Bretterverschlag wählen sollte, den Bretterverschlag vorzog und die *Geburtswehen* der um eine neue Form

---

[1] Pedro Calderón de la Barca (1600–1681), spanischer Schriftsteller des Ba-
    rock
[2] Eindeutschung des medizinischen Begriffes ‚Anatom'
[3] in den anatomischen Hörsaal, der gleich dem antiken Theater hufeisen-
    förmig mit nach hinten ansteigenden Sitzbänken gebaut ist

ringenden Menschheit, die wir mit Recht im ersten Teil erblick-
ten, im zweiten zu bloßen *Krankheitsmomenten* eines später durch
einen willkürlichen, nur notdürftig-psychologisch vermittelten
Akt kurierten Individuums herabsetzte, das ging aus seiner ganz
5 eigen komplizierten Individualität hervor, die ich hier nicht zu
analysieren brauche, da ich nur anzudeuten habe, wie weit er gekommen ist. Es bedarf hoffentlich nicht der Bemerkung, dass die
vorstehenden, sehr motivierten Einwendungen gegen den Faust
und die Wahlverwandtschaften diesen beiden welthistorischen
10 Produktionen durchaus nichts von ihrem unermesslichen Wert
abdingen, sondern nur das Verhältnis, worin ihr eigener Dichter
zu den in ihnen verkörperten Ideen stand, bezeichnen und den
Punkt, wo sie formlos geblieben sind, nachweisen sollen.

Goethe hat demnach, um seinen eigenen Ausdruck zu gebrau-
15 chen, die große Erbschaft der Zeit wohl *angetreten*, aber nicht *ver-
zehrt*, er hat wohl erkannt, dass das menschliche Bewusstsein
sich erweitern, dass es wieder einen Ring zersprengen will, aber
er konnte sich nicht in gläubigem Vertrauen an die Geschichte
hingeben, und da er die aus den Übergangszuständen, in die er in
20 seiner Jugend selbst gewaltsam hineingezogen wurde, entspringenden Dissonanzen[1] nicht aufzulösen wusste, so wandte er sich
mit Entschiedenheit, ja mit Widerwillen und Ekel, von ihnen ab.
Aber diese Zustände waren damit nicht beseitigt, sie dauern fort
bis auf den gegenwärtigen Tag, ja sie haben sich gesteigert und
25 alle Schwankungen und Spaltungen in unserem öffentlichen wie
in unserem Privatleben sind auf sie zurückzuführen, auch sind
sie keineswegs so unnatürlich, oder auch nur so gefährlich, wie
man sie gern machen möchte, *denn der Mensch dieses Jahrhunderts
will nicht, wie man ihm Schuld gibt, neue und unerhörte Institutio-
30 nen, er will nur ein besseres Fundament für die schon vorhandenen, er
will, dass sie sich auf nichts als auf Sittlichkeit und Notwendigkeit, die
identisch sind, stützen und also den äußeren Haken, an dem sie bis
jetzt zum Teil befestigt waren, gegen den inneren Schwerpunkt, aus
dem sie sich vollständig ableiten lassen, vertauschen sollen.*

---

[1] Missklänge

Dies ist, nach meiner Überzeugung, der welthistorische Prozess, der in unseren Tagen vor sich geht, die Philosophie von Kant[1] und eigentlich von Spinoza[2] an, hat ihn, zersetzend und auflösend, vorbereitet, und die dramatische Kunst, vorausgesetzt, dass sie über-
5 haupt noch irgendetwas soll, denn der bisherige Kreis ist durchlaufen und Duplikate[3] sind vom Überfluss und passen nicht in den Haushalt der Literatur, soll ihn beendigen helfen, sie soll, wie es in einer ähnlichen Krisis Äschylos, Sophokles, Euripides und Aristophanes[4], die nicht von ungefähr und etwa bloß, weil das
10 Schicksal es mit dem Theater der Athener besonders wohl meinte, so kurz hintereinander hervortraten, getan haben, in großen gewaltigen Bildern zeigen, wie die bisher nicht durchaus in einem lebendigen Organismus gesättigt aufgegangenen, sondern zum Teil nur in einem Scheinkörper erstarrt gewesenen und durch die
15 letzte große Geschichtsbewegung entfesselten Elemente, durcheinander flutend und sich gegenseitig bekämpfend, die neue Form der Menschheit, in welcher alles wieder an seine Stelle treten, in welcher das Weib dem Manne wieder gegenüberstehen wird wie dieser der Gesellschaft und wie die Gesellschaft der Idee, erzeu-
20 gen. Damit ist nun freilich der Übelstand verknüpft, dass die dramatische Kunst sich auf Bedenkliches und Bedenklichstes einlassen muss, da das Brechen der Weltzustände ja nur in der Gebrochenheit der individuellen erscheinen kann und da ein Erdbeben sich nicht anders darstellen lässt als durch das Zusammenstürzen
25 der Kirchen und Häuser und die ungebändigt hereindringenden Fluten des Meers. Ich nenne es natürlich nur mit Rücksicht auf die harmlosen Seelen, die ein *Trauerspiel* und ein *Kartenspiel* unbewusst auf *einen und denselben Zweck* reduzieren, einen Übelstand, denn diesen wird unheimlich zumute, wenn Spadille[5] nicht mehr
30 Spadille sein soll, sie wollen wohl neue Kombinationen im Spiel,

---

[1] Immanuel Kant (1724–1804), Philosoph des deutschen Idealismus
[2] Baruch Spinoza (1632–1677), Philosoph, dessen Lehre vom deutschen Idealismus entdeckt und fortentwickelt wurde
[3] Abschriften
[4] die bedeutendsten klassischen griechischen Dramatiker
[5] Pik-As, der höchste Trumpf im französischen L'hombre-Spiel, einem früher weit verbreiteten Kartenspiel für drei Personen

aber keine neue Regel, sie verwünschen den Hexenmeister, der ihnen diese aufdringt, oder doch zeigt, dass sie möglich ist, und sehen sich nach dem Gevatter Handwerker um, der die Blätter wohl anders mischt, auch wohl hin und wieder, denn Abwechse-
5 lung muss sein, einen neuen Trumpf einsetzt, aber im Übrigen die altehrwürdige Erfindung des Ururgroßvaters wie das Naturgesetz selbst respektiert. Hier wäre es am Ort, aus dem halben Scherz in einen bittern ganzen Ernst überzugehen, denn es ist nicht zu sagen, bis zu welchem Grade eine zum Teil unzurech-
10 nungsfähige und unmündige, zum Teil aber auch perfide[1] Kritik, sich den erbärmlichen Theaterverhältnissen unserer Tage und dem beschränkten Gesichtskreis des großen Haufens akkommodierend[2], die einfachen Grundbegriffe der dramatischen Kunst, von denen man glauben sollte, dass sie, nachdem sich ihre Kraft
15 und Wahrheit vier Jahrtausende hindurch bewährte, unantastbar seien wie das Einmaleins, verwirrt und auf den Kopf gestellt hat. Der Maler braucht sich, und er mag dem Himmel dafür danken, noch nicht darüber zu entschuldigen, dass er die Leinewand, aus der auch Siebbeutel gemacht werden könnten, bemalt, auch ver-
20 lacht man ihn noch nicht, wenn man sieht, dass er auf die Komposition seines Gemäldes Mühe und Fleiß verwendet, dass er die Farben, die ja doch auch schon an sich dem Auge schmeicheln, auf Gestalten und die Gestalten wieder auf einen inneren, für den bloßen Gaffer nicht vorhandenen Mittelpunkt bezieht, statt das
25 Farbenbrett[3] selbst mit dem eingerührten Blau, Gelb und Rot für das Gemälde zu geben, oder doch den bunten Gestalten- und Figurentanz; aber jene Kunst, die, wie alles Höchste, nur dann überhaupt etwas ist, wenn sie das, was sie sein solle, ganz ist, muss sich jetzt, wie über eine Narrheit, darüber hudeln[4] lassen, dass sie ihre
30 einzige, ihre erste und letzte Aufgabe im Auge behält, statt es sich bequem zu machen und für den *Karfunkel*[5] den *Kiesel* zu bieten, für ein tiefsinniges und unergründliches *Lebenssymbol* ein gemei-

---

[1] hinterlistige
[2] anpassend
[3] (Farb-)Palette
[4] zurechtweisen
[5] roter Edelstein

nes *Lebensrätsel*, das mit der gelösten Spannung ins Nichts zer-
platzt und, außerstande, auch nur die dürftigste Seele für einen
Moment zu sättigen, nichts erweckt als den Hungerruf: was Neues! Was Neues! Ich sage es euch, ihr, die ihr euch dramatische
5 Dichter nennt, wenn ihr euch damit begnügt, Anekdoten, historische oder andere, es gilt gleich, in Szene zu setzen, oder, wenn's
hoch kommt, einen Charakter in seinem psychologischen Räder-
werk auseinanderzulegen, so steht ihr, ihr mögt nun die Tränen-
fistel[1] pressen oder die Lachmuskeln erschüttern, wie ihr wollt,
10 um nichts höher, als unser bekannter Vetter von Thespis[2] her, der
in seiner Bude die Marionetten tanzen lässt. Nur wo ein *Problem*
vorliegt, hat eure Kunst etwas zu schaffen, wo euch aber ein solches aufgeht, wo euch das *Leben* in seiner *Gebrochenheit* entgegentritt und zugleich in eurem Geist, denn *beides* muss *zusammenfal-*
15 *len, das Moment der Idee,* in dem es die *verlorne Einheit* wieder findet, da ergreift es, und kümmert euch nicht darum, dass der
ästhetische Pöbel in der *Krankheit* selbst die *Gesundheit* aufgezeigt
haben will, da ihr doch nur den *Übergang* zur Gesundheit aufzei-
gen und das Fieber allerdings nicht heilen könnt, ohne euch mit
20 dem Fieber einzulassen, denn dieser Pöbel, der euch über die Par-
oxysmen[3], die ihr darstellt, zur Rechenschaft zieht, als ob es eure
eigenen wären, müsste, wenn er Konsequenz besäße, auch dem
Richter, der dem Missetäter das Verbrechen abfragt, um seine Stellung zum Gesetz zu ermitteln, ja dem Geistlichen, der Beichte
25 hört, den Vorwurf machen, dass er sich mit schmutzigen Dingen
befasse, und ihr seid für nichts, für gar nichts, verantwortlich als
für die *Behandlung*, die, als eine freie, eure subjektive Unabhängig-
keit vom Gegenstand und euer persönliches *Unvermischtsein* mit
demselben hervortreten lassen muss, und für das *letzte Resultat*, ja
30 auch das Resultat braucht nicht im Lanzen-Spitzen-Sinn die Spitze eures Werks zu sein, es darf sich ebenso gut als Ausgangspunkt
eines Charakters hinstellen wie als Ausgangspunkt des ganzen

---

[1] Tränenröhre, Tränenkanal
[2] Begründer der attischen Tragödie, der um 540 v. Chr. lebte; seit Horaz ist
der Thespiskarren für Wanderbühnen sprichwörtlich geworden.
[3] Höhepunkte einer Krankheit, heftige Anfälle

Dramas, obgleich freilich, wenn Letzteres der Fall ist, das Drama
der Form nach einen höheren Grad von Vollendung für sich in
Anspruch zu nehmen hat. Man kann, wenn man sich genötigt
sieht, über Dinge, die niemanden ohne innere Erfahrung ganz
5 verständlich werden, zu sprechen, sich nicht genug gegen Miss-
deutung verwahren; ich füge also noch ausdrücklich hinzu, dass
man hier nicht an ein allegorisches[1] Herausputzen der Idee, überhaupt nicht an die philosophische, sondern an die unmittelbar ins
Leben selbst verlegte Dialektik denken muss und dass, wenn in
10 einem Prozess, worin, wie in jedem schöpferischen, alle Elemente
sich mit gleicher Notwendigkeit bedingen und voraussetzen, überall von einem Vor und Nach die Rede sein kann, der Dichter (wer
sich für einen hält, möge sich danach prüfen!) sich jedenfalls eher
der Gestalten bewusst werden wird als der Idee oder vielmehr des
15 Verhältnisses der Gestalten zur Idee. Doch, wie gesagt, die ganze
Anschauungsweise ist eine unzulässige, die aber noch sehr verbreitet zu sein scheint, da, was aus ihr allein hervorgehen kann,
selbst einsichtige Männer nicht aufhören, mit dem Dichter über
die Wahl seiner Stoffe, wie sie es nennen, zu hadern, und dadurch
20 zeigen, dass sie sich das Schaffen, dessen erstes Stadium, das
empfangende, doch tief unter dem Bewusstsein liegt und zuweilen in die dunkelste Ferne der Kindheit zurückfällt, immer als ein
wenn auch veredeltes Machen vorstellen und dass sie in das geistige Gebären eine Willkür verlegen, die sie dem leiblichen, dessen
25 Gebundensein an die Natur freilich heller in die Augen springt,
gewiss nicht zusprechen würden. Den Gevatter Handwerker, dessen ich oben gedachte, mag man schelten, wenn er etwas bringt,
was dem gnädigen Herrn mit vielen Köpfen[2] nicht behagt, denn
der wackere Mann kann das eine so gut liefern als das andere, er
30 hat sich, als er seine Anekdote auswählte, bloß im Effekt verrechnet, und für Rechenfehler ist jedermann verantwortlich; dem
Dichter dagegen muss man verzeihen, wenn er es nicht trifft, er
hat keine Wahl, er hat nicht einmal die Wahl, ob er ein Werk überhaupt hervorbringen will oder nicht, denn das einmal lebendig

---

[1] sinnbildhaftes
[2] dem Publikum

Gewordene lässt sich nicht zurückverdauen, es lässt sich nicht wieder in Blut verwandeln, sondern muss in freier Selbstständigkeit hervortreten, und eine unterdrückte oder unmögliche geistige Entbindung kann ebenso gut, wie eine leibliche die Vernichtung, sei es nun durch den Tod oder durch den Wahnsinn, nach sich ziehen. Man denke an Goethes Jugendgenossen Lenz, an Hölderlin, an Grabbe[1].

Ich sagte: Die dramatische Kunst soll den welthistorischen Prozess, der in unseren Tagen vor sich geht und der die vorhandenen Institutionen des menschlichen Geschlechts, die politischen, religiösen und sittlichen, nicht umstürzen, sondern tiefer begründen, sie also vor dem Umsturz sichern will, beendigen helfen. In diesem Sinne soll sie, wie alle Poesie, die sich nicht auf Superfötation[2] und Arabeskenwesen[3] beschränkt, *zeitgemäß* sein, in diesem Sinn, und in *keinem andern*, ist es *jede echte*, in *diesem* Sinn habe auch ich im Vorwort zur Genoveva meine Dramen als *künstlerische Opfer der Zeit* bezeichnet, denn ich bin mir bewusst, dass die individuellen Lebensprozesse, die ich darstellte und noch darstellen werde, mit den jetzt obschwebenden allgemeinen Prinzipienfragen in engster Verbindung stehen, und obgleich es mich nicht unangenehm berühren konnte, dass die Kritik bisher fast ausschließlich meine Gestalten ins Auge fasste und die Ideen, die sie repräsentieren, unberücksichtigt ließ, indem ich hierin wohl nicht mit Unrecht den besten Beweis für die wirkliche Lebendigkeit dieser Gestalten erblickte, so muss ich nun doch wünschen, dass dies ein Ende nehmen und dass man auch dem zweiten Faktor meiner Dichtungen einige Würdigung widerfahren lassen möge, da sich natürlich ein ganz anderes Urteil über Anlage und Ausführung ergibt, wenn man sie bloß in Bezug auf die behandelte Anekdote[4] betrachtet, als wenn man sie nach dem zu bewältigenden Ideenkern, der manches notwendig machen kann,

---

[1] Hebbel nennt Dichter, deren Leben im Wahnsinn endete: J.M.R. Lenz (1751–1792), F. Hölderlin (1770–1843) und C.D. Grabbe (1801–1836)

[2] Überbefruchtung

[3] Arabesken sind rankenförmige Verzierungen, Ornamente nach arabischem Vorbild.

[4] hier: Handlung, Fabel des Dramas

was für jene überflüssig ist, bemisst. Der erste Rezensent[1], den
meine Genoveva fand, glaubte in jener Bezeichnung meiner Dramen eine der Majestät der Poesie nicht würdige Konzession an
die Zeitungspoetik unserer Tage zu erblicken und fragte mich, wo
5 denn in meinen Stücken jene Epigrammatie[2] und Bezüglichkeit,
die man jetzt zeitgemäß nenne, anzutreffen sei. Ich habe ihm
hierauf nichts zu antworten, als dass ich die Begriffe der *Zeit* und
des *Zeitungsblatts* nicht so *identisch* finde, wie er zu tun scheint,
falls sein sonderbarer Einwurf anders ernst gemeint und nicht
10 bloß darauf gerichtet war, mir die hier gegebene nähere Entwicklung meiner vielleicht zu lakonisch[3] hingestellten Gedanken ab-
zudringen. Ich weiß übrigens recht gut, dass sich heutzutage eine
ganz andere Zeitpoesie in Deutschland geltend macht, eine Zeitpoesie, die sich an den Augenblick hingibt und die, obgleich sie
15 eigentlich das Fieber mit der Hitzblatter, die Gärung im Blut mit
dem Hautsymptom[4], wodurch sie sich ankündigt, verwechselt,
doch, insofern sie dem Augenblick wirklich dient, nicht zu schelten wäre, wenn nur sie selbst sich des Scheltens enthalten wollte.
Aber nicht zufrieden, in ihrer zweifelhaften epigrammatisch-
20 rhetorischen Existenz[5] toleriert, ja gehegt und gepflegt zu werden,
will sie allein existieren und gibt sich, polternd und eifernd, das
Ansehen, als ob sie Dinge verschmähte, von denen sie wenigstens erst beweisen sollte, dass sie ihr erreichbar sind. Man kann
in keinem Band Gedichte, denn gerade in der Lyrik hat sie das
25 Quartier aufgeschlagen, mehr blättern, ohne auf heftige Kontro-
versen gegen die Sänger des Weins, der Liebe, des Frühlings usw.,
die toten, wie die lebendigen, zu stoßen, aber die Herren halten
ihre eigenen Frühlings- und Liebeslieder zurück, oder produzie-
ren, wenn sie damit auftreten, solche Nichtigkeiten, dass man
30 unwillkürlich an den Wilden denken muss, der ein Klavier mit

---

[1] Karl Gutzkow (1811–1878), Schriftsteller, Journalist, einer der maßge-
benden Vertreter des Jungen Deutschland
[2] satirisch-spöttischer Bezug auf die Zeitereignisse
[3] wortkarg, knapp
[4] Krankheitszeichen auf der Haut
[5] Dasein, das bestimmt wird vom Epigramm (Spottgedicht) und der Rhetorik (Redekunst)

der Axt zertrümmerte, weil er sich lächerlich gemacht hatte, als er es zu spielen versuchte. Lieben Leute, wenn einer die Feuerglocke zieht, so brechen wir alle aus dem Konzert auf und eilen auf den Markt, um zu erfahren, wo es brennt, aber der Mann muss sich
5 darum nicht einbilden, er habe über Mozart und Beethoven triumphiert. Auch daraus, dass die Epigramme, die ihr bekannten Personen mit Kreide auf den Rücken schreibt, schneller verstanden werden und rascher in Umlauf kommen als Juvenal'sche Satiren[1], müsst ihr nicht schließen, dass ihr den Juvenal übertrof-
10 fen habt; sie sind dafür auch vergessen, sobald die Personen den Rücken wenden oder auch nur den Rock wechseln, während Juvenal hier nicht angeführt werden könnte, wenn er nicht noch nach Jahrtausenden gelesen würde. Als Goethe der schönsten Liederpoesie, die uns nach der seinigen geschenkt worden ist, der
15 Uhland'schen[2], in einer übellaunigen Minute vorwarf, es werde daraus nichts „Menschengeschick Aufregendes und Bezwingendes" hervorgehen, so hatte er freilich Recht, denn Lilienduft ist kein Schießpulver, und auch der Erlkönig und der Fischer, obgleich sie Millionen Trommelschlägerstückchen aufwiegen, wür-
20 den im Krieg so wenig den Trompeter- als einen anderen Dienst versehen können. Die *Poesie* hat *Formen*, in denen der *Geist* seine *Schlachten* schlägt, die *epischen* und *dramatischen*, sie hat *Formen*, worin das *Herz* seine *Schätze* niederlegt, die *lyrischen*, und das *Genie* zeigt sich eben dadurch, dass es *jede* auf die *rechte Weise*
25 ausfüllt, indes das *Halbtalent*, das für die größeren nicht *Gehalt* genug hat, die *engeren* gern zu *zersprengen* sucht, um trotz seiner *Armut reich* zu erscheinen. Ein solcher, von einem total verkehrt gewählten Gesichtspunkt aus gefällter Ausspruch, den Goethe selbst in den Gesprächen mit Eckermann schon modifizierte, hät-
30 te der Kritik zu nichts Veranlassung geben sollen als zu einer gründlichen Auseinandersetzung, worin sich Uhland und der piepsende Ratten- und Mäusekönig, der sich ihm angehängt hat,

---

[1] kritische Beschreibungen menschlicher Schwächen und Laster, voll Witz und Ironie, des römischen Schriftstellers Juvenal (60–140 n. Chr.)
[2] von Ludwig Uhland (1787–1862), dem bedeutendsten Dichter der nachromantischen „Schwäbischen Schule"

die „*schwäbische Schule*", voneinander unterscheiden, da ja nicht
Uhland, sondern ein von Goethe unbesehens für ein Mitglied dieser Schule gehaltener schwäbischer Dichter[1] den Ausspruch her-
vorrief. Es ist hier zu dieser Auseinandersetzung, die sich übrigens umso eher der Mühe verlohnte, als sich, wenn man bis zum
Prinzip hinabstiege, wahrscheinlich ergäbe, dass eine gemeine
Gemüts- und eine gemeine Reflexionslyrik gleich nullenhaft sind
und dass ein Einfall über den „Baum" der „Menschheit" an dem
die „Blüte" der „Freiheit" unter dem „Sonnenkuss" des „Völker-
lenzes" aufbricht, wirklich nicht mehr besagen will als ein Haus-
vatergefühl unterm blühenden Apfelbaum, nicht der Ort, aber ich
kann nicht umhin, auf den Unterschied selbst dringend aufmerk-
sam zu machen, um mich nicht in den Verdacht zu bringen, als
ob die melodielose Nüchternheit, die zu dichten glaubt, wenn sie
ihre Werkeltagsempfindungen oder eine hinter dem Zaun aufge-
lesene Alte-Weiber-Sage in platte Verse zwängt, einer Rhetorik
vorziehe, die zwar, schon der spröden Einseitigkeit wegen, niemals zur Poesie, aber doch vielleicht zur Gedanken- und, wenn
dies gelingt, auch zur Charakterbildung führt. Man soll die Flöte
nicht nach dem Brennholz, das sich allenfalls für den prophezei-
ten Weltbrand aus ihr gewinnen ließe, abschätzen, aber das gemeine Brennholz soll noch weniger auf seine eingebildete Ver-
wandtschaft mit der Flöte dicke tun. Es versteht sich von selbst,
dass ich nicht alle Schwaben, und noch weniger bloß die Schwaben, zur schwäbischen Schule rechne, denn auch Kerner[2] etc. ist
ein Schwabe.
Vielleicht sagt der eine oder der andere: dies sind ja alte, bekann-
te, längst festgestellte Dinge. Allerdings. Ja, ich würde erschre-
cken, wenn es sich anders verhielte, denn wir sollen im Ästhetischen wie im Sittlichen nach meiner Überzeugung nicht das *elfte*
Gebot *erfinden*, sondern die *zehn vorhandenen erfüllen*. Bei
alledem bleibt demjenigen, der die alten Gesetztafeln einmal

---

[1] Gustav Pfizer (1807–1890), Lyriker und Epiker, von Schiller beeinflusst;
Hebbels vernichtende Beurteilung („der piepsende Ratten- und Mäusekönig") erscheint aus heutiger Sicht überzogen.
[2] Justinus Kerner (1786–1862), schwäbischer Dichter und Arzt, Freund Uhlands

wieder mit dem Schwamm abwäscht und den frechen Kreide-
kommentar, mit dem allerlei unlautre Hände den Grundtext
übermalt haben, vertilgt, immer noch sein bescheidenes Verdienst. Es hat sich ein gar zu verdächtiges Glossarium angesam-
5 melt. Die Poesie soll nicht bleiben, was sie war und ist: Spiegel
des Jahrhunderts und der Bewegung der Menschheit im Allgemeinen, sie soll Spiegel des Tags, ja der Stunde werden. Am al-
lerschlimmsten aber kommt das Drama weg, und nicht, weil
man zu viel oder das Verkehrte von ihm verlangt, sondern weil
10 man *gar nichts* von ihm verlangt. Es soll bloß amüsieren, es soll
uns eine spannende Anekdote, allenfalls, der Pikantheit wegen,
von psychologisch-merkwürdigen Charakteren getragen, vorfüh-
ren, aber es soll beileibe nicht mehr tun; was im *Shakespeare*
(man wagt, sich auf ihn zu berufen) nicht amüsiert, das ist vom
15 Übel, ja es ist, näher besehen, auch nur durch den Enthusiasmus
seiner Ausleger in ihn hinein phantasiert, er selbst hat nicht daran gedacht, er war ein guter Junge, der sich freute, wenn er durch
seine wilden Schnurren mehr Volk, wie gewöhnlich, zusammen-
trommelte, denn dann erhielt er vom Theaterdirektor einen
20 Schilling über die Wochengage und wurde wohl gar freundlich
ins Ohr gekniffen. Ein berühmter Schauspieler[1], jetzt verstor-
ben, hat, wie ihm von seinen Freunden nachgesagt wird, dem
neuen Evangelium die praktische Nutzanwendung hinzugefügt,
er hat alles Ernstes behauptet, dass der „Poet" dem „Künstler"
25 nur ein Szenarium[2] zu liefern habe, welches dann durch diesen
extemporierend[3] auszufüllen sei. Die Konsequenz ist hier, wie
allenthalben, zu loben, denn man sieht doch, wohin das Amüse-
mentprinzip führt, aber das Sachverhältnis ist dies. *Eine Dichtung, die sich für eine dramatische gibt, muss darstellbar sein*, jedoch
30 nur deshalb, weil, was der *Künstler* nicht *darzustellen vermag*, von
dem *Dichter* selbst *nicht dargestellt wurde*, sondern *Embryo* und
Gedankenschemen[4] blieb. Darstellbar ist nun nur das *Handeln*,

---

[1] Karl Seydelmann (1793–1843)
[2] hier: Angaben über die Szenenfolge
[3] aus dem Stegreif spielend
[4] Schattenbild des Gedankens, vager Gedanke

nicht das *Denken* und *Empfinden*; Gedanken und Empfindungen
gehören also nicht an sich, sondern immer nur so weit, als sie
sich unmittelbar zur Handlung umbilden, ins Drama hinein; dagegen sind aber auch Handlungen keine Handlungen, wenigstens keine dramatische, wenn sie sich ohne die sie vorbereiten-
den Gedanken und die sie begleitenden Empfindungen in nack-
ter Abgerissenheit, wie Naturvorfälle, hinstellen, sonst wäre ein
stillschweigend gezogener Degen der Höhepunkt aller Aktion.
Auch ist nicht zu übersehen, dass die *Kluft* zwischen Handeln
und Leiden *keineswegs so groß ist*, als die *Sprache* sie macht, denn
alles Handeln löst sich dem Schicksal, d. h. dem Weltwillen gegenüber, in ein Leiden auf, und gerade dies wird in der Tragödie
veranschaulicht, alles Leiden aber ist im Individuum ein nach
innen gekehrtes Handeln, und wie unser Interesse mit ebenso
großer Befriedigung auf dem Menschen ruht, wenn er sich auf
sich selbst, auf das Ewige und Unvergängliche im zerschmetterten Individuum besinnt und sich dadurch wiederherstellt, was
im Leiden geschieht, als wenn er dem Ewigen und Unvergängli-
chen in individueller Gebundenheit Trotz bietet, und dafür von
diesem, das über alle Manifestation[1] hinausgeht, wie z. B. unser
Gedanke über die Hand, die er in Tätigkeit setzt, und das selbst
dann, wenn ihm der Wille nicht entgegentritt, noch im Ich auf
eine hemmende Schranke stoßen kann, die strenge Zurechtwei-
sung empfängt, so ist das *eine* auch ebenso gut *darstellbar* wie das
andere und erfordert höchstens den *größeren Künstler*. Ich wieder-
hole es: Eine Dichtung, die sich für eine dramatische gibt, muss
darstellbar sein, weil, was der Künstler nicht darzustellen vermag, von dem Dichter selbst nicht dargestellt wurde, sondern
Embryo und Gedankenschemen blieb. Dieser innere Grund ist
zugleich der einzige, die mimische Darstellbarkeit ist das allein
untrügliche Kriterium der poetischen Darstellung, darum darf
der Dichter sie nie aus den Augen verlieren. Aber diese *Darstellbarkeit* ist nicht nach der *Konvenienz*[2] und den in „steter Wand-
lung" begriffenen *Modevorurteilen* zu bemessen, und wenn sie

---

[1] Erkennbarwerden
[2] das gesellschaftlich Erlaubte, Übliche

ihr Maß von dem realen Theater entlehnen will, so hat sie nach
dem *Theater aller Zeiten*, nicht aber nach dieser oder jener speziellen Bühne, worin ja, wer kann es wissen, wie jetzt die jungen
Mädchen, vielleicht noch einmal die Kinder das Präsidium führen und dann, ihren unschuldigen Bedürfnissen gemäß, darauf
bestehen werden, dass die Ideen der Stücke nicht über das Ni-
veau von: Quäle nie ein Tier zum Scherz usw. oder: Schwarzbeer-
chen, bist du noch so schön usw. hinausgehen sollen, zu fragen.
Es ergibt sich bei einigem Nachdenken von selbst, dass der Dichter nicht, wie es ein seichter Geschmack und auch ein unvoll-
ständiger und frühreifer Schönheitsbegriff, der, um sich beque-
mer und schneller abschließen zu können, die volle Wahrheit
nicht in sich aufzunehmen wagt, von ihm verlangen, *zugleich* ein
Bild der *Welt* geben und doch von den *Elementen*, woraus die *Welt*
besteht, die *widerspenstigen ausscheiden* kann, sondern dass er alle
gerechten Ansprüche befriedigt, wenn er jedem dieser Elemente
die *rechte Stelle* anweist und die *untergeordneten*, die sich nun
einmal wie querlaufende Nerven und Adern mit im Organismus
vorfinden, nur *hervortreten* lässt, damit die *höhern* sie *verzehren*.
Davon, dass der *Wert* und die *Bedeutung* eines *Dramas* von dem
durch hundertundtausend Zufälligkeiten bedingten Umstand,
ob es zur Aufführung kommt oder nicht, also von seinem *äußern*
Schicksal, abhange, kann ich mich nicht überzeugen, denn wenn
das Theater, das als vermittelndes Organ zwischen der Poesie
und dem Publikum sehr hoch zu schätzen ist, eine solche Wun-
derkraft besäße, so müsste es zunächst doch das lebendig erhalten, was sich ihm mit Leib und Seele ergibt; wo bleiben sie aber,
die hundertundtausend „bühnengerechten" Stücke, die „mit ver-
dientem Beifall" unter „ zahlreichen Wiederholungen" über die
Bretter gehen? Und um von der Fabrikware abzusehen, werden
Shakespeare und Calderón, die ja doch nicht bloß große dramatische Dichter, sondern auch wahre Theaterschriftsteller gewesen sein sollen, gespielt, hat das Theater sie nicht längst fallen
lassen und dadurch bewiesen, dass es so wenig das Vortreffliche
als das Nichtige festhält, geht daraus aber nicht mit Evidenz hervor, dass nicht, wie diejenigen, die nur halb wissen, worauf es
ankommt, meinen, das faktische *Dargestelltwerden*, das früher

oder später aufhört, ohne darum der Wirkung des Dichters eine Grenze zu setzen, sondern die von mir aus der Form als unbedingt notwendig abgeleitete und ihrem wahren Wesen nach bestimmte *Darstellbarkeit* über Wert und Bedeutung eines Dramas entscheidet? Hiermit ist nun nicht bloß die naive Seidelmann'sche Behauptung beseitigt, von der ich zunächst ausging und die eigentlich darauf hinausläuft, dass ein poetisches Nichts, das sich in jeder Fasson[1], die der Künstler ihm aufzudrücken beliebt, noch besser ausnimmt als in der von Haus aus mitgebrachten, der *Willkür* des genialen Schauspielers freieren Spielraum verstattet, als das zähe poetische Etwas, an das er sich hingeben muss; sondern es ist damit auch all das übrige Gerede, dessen ich gedachte, auf sein Körnlein Wahrheit reduziert, es ist gezeigt, dass der echte dramatische Darstellungsprozess *ganz von selbst* und ohne nach der Bühne zu blinzeln, alles *Geistige verleiblichen*, dass er die *dualistischen*[2] *Ideenfaktoren*, aus deren Aufeinanderprallen der das ganze Kunstwerk entzündende schöpferische Funke hervorspringt, zu *Charakteren verdichten*, dass er das *innere* Ereignis nach allen seinen Entwicklungsstadien in einer *äußeren* Geschichte, einer Anekdote, auseinanderfallen und diese Anekdote, dem Steigerungsgesetz der Form gemäß, zur *Spitze* auslaufen lassen, also *spannend* und *Interesse erweckend* gestalten und so auch denjenigen Teil der Leser- und Zuschauerschaft, der die wahre Handlung gar nicht ahnt, *amüsieren* und *zufrieden* stellen wird.

Kann aber, ich darf diese Frage nicht umgehen, die so weit fortgeschrittene Philosophie die große Aufgabe der Zeit nicht allein lösen, und ist der Standpunkt der Kunst nicht als ein überwundener oder ein doch überwindender zu betrachten? Wenn die Kunst nichts weiter wäre, als was die meisten in ihr erblicken, ein träumerisches, hin und wieder durch einen sogenannten ironischen Einfall über sich selbst unterbrochenes *Fortspinnen* der Erscheinungswelt, eine gleichsam von dem äußeren Theater aufs innere versetzte Gestaltenkomödie, worin die verhüllte Idee nach wie vor

---

[1] Form, Zuschnitt
[2] gegensätzlichen

mit sich selbst Verstecken spielt, so müsste man darauf unbedingt mit Ja antworten und ihr auflegen, die viertausendjährige
Sünde einer angemaßten Existenz mit einem freiwilligen Tode zu
büßen, ja selbst die ewige Ruhe nicht als einen durch ihre erst
5 jetzt überflüssig gewordene Tätigkeit verdienten Lohn, sondern
nur als ein ihr aus Rücksicht auf den von ihr der Menschheit in
ihren Kinderjahren durch ihre nicht ganz sinnlosen Bilder und
Hieroglyphen verschaffenen nützlichen Zeitvertreib bewilligtes
Gnadengeschenk hinzunehmen. Aber die Kunst ist nicht bloß
10 unendlich viel mehr, sie ist etwas ganz *anderes*, sie ist die *realisier-*
te Philosophie, wie die Welt die *realisierte Idee*, und eine Philosophie, die nicht mit ihr schließen, die nicht selbst in ihr zur Erscheinung werden und dadurch den höchsten Beweis ihrer Realität geben will, braucht auch nicht mit der Welt anzufangen, es
15 ist gleichgültig, ob sie das erste oder das letzte Stadium des Le-
bensprozesses, von dem sie sich ausgeschlossen wähnen muss,
wenn sie ohne Darstellung auskommen zu können glaubt, ne-
giert, denn auf die Welt kann sie sich, als auf eine solche Darstellung, nicht zurückbeziehen, ohne sich zugleich mit auf die *Kunst*
20 zu beziehen, da die Welt eben erst in der Kunst zur Totalität zu-
sammengeht. Eine schöpferische und ursprüngliche Philosophie
hat dies auch noch nie getan, sie hat immer gewusst, dass sie sich
eine Probe, die die von ihr nackt reproduzierte Idee selbst sich
nicht ersparen konnte, nicht unterschlagen darf, und deshalb in
25 der Kunst niemals einen bloßen Stand-, sondern ihren eigenen
Ziel- und Gipfelpunkt erblickt; dagegen ist es charakteristisch für
jede formale, und aus naheliegenden Gründen auch für die Jün-
gerschaft jeder anderen, dass sie selbst da, wo sie lebendige Gestalt geworden ist oder doch werden sollte, nicht aufhören kann,
30 zu zersetzen, und, gleich einem Menschen, der, um sich zu überzeugen, ob er auch alles das, was, wie er aus der Anthropologie[1]
weiß, zum Menschen gehört, wirklich besitze, sich Kopf-, Brust-
und Bauchhöhle öffnen wollte, die Spitze aller Erscheinung, in
der Geist und Natur sich umarmen, durch einen zugleich barba-
rischen und selbstmörderischen Akt zerstört. Eine solche Philo-

---

[1] Menschenkunde

sophie erkennt sich in der höheren Chiffre[1] der Kunst nicht wieder, es kommt ihr schon verdächtig vor, dass sie dieselbe aus der von ihr mit so viel Mühe und Anstrengung zerrissenen Chiffre der Natur zusammengesetzt findet, und sie weiß nicht, woran sie
5 sich halten soll; da stößt sie aber zu ihrem Glück im Kunstwerk auf einzelne Partien, die (sollten's unter einem Gemälde auch nur die Unterschriften des Registrators sein!) in der ihr allein geläufigen Ausdrucksweise des Gedankens und der Reflexion abgefasst sind, weil entweder der Geist des Ganzen dort wirklich nicht zur
10 Form durchdrang, oder weil nur eine der Form nicht bedürftige Kopula[2] hinzustellen war; die hält sie nun für die Hauptsache, für das Resultat der Darstellung, um das sich das übrige Schnörkelwesen von Figuren und Gestalten ungefähr so herumschlinge, wie auf einem kaufmännischen Wechsel die Arabesken, Merkur[3]
15 und seine Sippschaft um die reelle Zahl, mit Eifer und Ehrlichkeit reiht sie diese Perlen, Sentenzen[4] und Gnomen[5] genannt, am Faden auf und schätzt sie ab; da das Resultat nun aber natürlich ebenso kläglich ausfällt, als wenn man die Philosophie nach ihrem Reichtum an Leben und Gestalt messen wollte, so spricht sie
20 mit voller Überzeugung ihr endliches Urteil dahin aus, dass die Kunst eine kindische Spielerei sei, wobei ja wohl auch, man habe Exempel, zuweilen ein von einem reichen Mann auf der Straße verlorenes Goldstück gefunden und wieder in Cours gesetzt werde. Wer diese Schilderung für übertrieben hält, der erinnere sich
25 an Kants famosen Ausspruch in der Anthropologie[6], wo der Alte vom Berge[7] allen Ernstes erklärt, das poetische Vermögen, von Homer an, beweise nichts als eine Unfähigkeit zum reinen Denken, ohne jedoch die sich mit Notwendigkeit ergebende Konse-

---

[1] Schriftzeichen, Geheimschrift
[2] Verbindung
[3] römischer Gott des Handels, der Kaufleute und der Diebe
[4] Sinnsprüche
[5] lehrhafte Sprüche
[6] Hebbel bezieht sich auf eine Stelle in Immanuel Kants Schrift *Anthropologie in pragmatischer Hinsicht* (1789).
[7] ursprünglich Titel des Oberhaupts einer mohammedanischen Sekte, später allgemein für das Haupt einer Schule gebraucht, deren Lehre unbedingten Gehorsam verlangt; hier ist Kant gemeint

quenz hinzuzufügen, dass auch die Welt in ihrer stammelnden Mannigfaltigkeit nichts beweise, als *die Unfähigkeit Gottes, einen Monolog zu halten.*

Wenn nun aber das Drama keine geringere als die weltgeschicht-
5 liche Aufgabe selbst lösen helfen, wenn es zwischen der Idee und dem Welt- und Menschenzustand vermitteln soll, folgt nicht daraus, dass es sich ganz an die Geschichte hingeben, dass es historisch sein muss? Ich habe mich über diesen wichtigen Punkt an einem andern Ort, in der Schrift: Ein Wort über das Drama, Ham-
10 burg bei Hoffmann und Campe, 1843, auf die ich hier wohl verweisen darf, dahin ausgesprochen, dass das Drama schon an und für sich und ohne spezielle Tendenz (die eigentlich, um recht geschichtlich zu werden, aus der Geschichte heraustritt und die Nabelschnur, die jede Kraft mit der lebendigen Gegenwart ver-
15 knüpft, durchschneidet, um sie an die tote Vergangenheit mit einem Zwirnsfaden festzubinden) historisch und dass die Kunst die höchste Geschichtsschreibung sei. Diesen Ausspruch wird keiner, der rückwärts und vorwärts zu schauen versteht, anfechten, denn er wird sich erinnern, dass uns nur von denjenigen
20 Völkern der Alten Welt, die es zur Kunst gebracht, die ihr Dasein und Wirken in einer unzerbrechlichen Form niedergelegt haben, ein Bild geblieben ist, und hierin liegt zunächst der nie zu verachtende faktische Beweis; er wird aber auch erkennen, dass der sich schon jetzt verstrengernde historische Ausscheidungsprozess,
25 der das Bedeutende vom Unbedeutenden, das uns völlig Abgestorbene, wenn auch in sich noch so Gewichtige, von dem noch in den Geschichtsorganismus hinüber Greifenden sondert, sich immer steigern, dass er die Nomenklatur[1] dereinst einmal bis auf die Alexander und Napoleone[2] lichten, dass er noch später nur
30 noch die Völkerphysiognomien[3] und dann wohl gar nur noch die durch die Phasen der Religion und Philosophie bedingten allgemeinsten Entwicklungsepochen der Menschheit festhalten, ja

---

[1] Verzeichnis, Zusammenstellung von Namen
[2] bis auf Personen, die so bedeutend sind wie Alexander der Große und Napoleon I.
[3] das äußere Erscheinungsbild der Völker

sogar, der Humor kommt hier von selbst, darum verzeihe man ihn, die deutschen Lyrici[1], die mit niemand anstoßen, der ihnen nicht vorher die Unsterblichkeit einräumt, lieblos fallen lassen wird; dann nun aber die großen Taten der Kunst noch viel selte-
5 ner sind als die übrigen, aus dem einfachen Grunde, weil sie eben erst aus diesen *resultieren,* und da sie sich deshalb langsamer häu-fen, so leuchtet ein, dass die *Kunst* in dem ungeheuren Meer, wo-rin Welle Welle verschlingt, noch lange Baken[2] stecken und der Nachwelt den *allgemeinen* und allerdings an sich unverlierbaren,
10 weil unmittelbar im Leben aufgehenden Gehalt der *Geschichte* in der *Schale* der *speziellen Perioden,* deren Spitze sie in ihren ver-schiedenen Gliederungen bildet, überliefern, ihr also, wenn auch nicht das weitläuftige und gleichgültige Register der Gärtner, die den Baum pflanzten und düngten, so doch die Frucht mit Fleisch
15 und Kern, auf die es alles ankommt, und außerdem noch den Duft der Atmosphäre, in der sie reifte, darbieten kann. Endlich freilich wird auch hier der Punkt der Unübersehbarkeit erreicht werden, Shakespeare wird die Griechen, und was nach Shakes-peare hervortritt, wird ihn verzehren und ein neuer Kreislauf wird
20 beginnen, oder Kunst und Geschichte werden versanden, die Welt wird für das Gewesene das Verständnis verlieren, ohne et-was Neues zu erzeugen, wenn sich nicht mit größerer Wahr-scheinlichkeit annehmen ließe, dass dem Planeten mit dem Ge-schlecht, das er trägt, die schöpferische Kraft zugleich ausgehen
25 wird. Die Konsequenzen dieses Gesichtspunktes ergeben sich von selbst, die Geschichte, insofern sie nicht bloß das allmähliche Fortrücken der Menschheit in der Lösung ihrer Aufgabe darstel-len, sondern auch den Anteil, den die hervorragendern Individu-en daran hatten, mit Haushälteringenauigkeit spezifizieren will,
30 ist wirklich nicht viel mehr als ein großer Kirchhof mit seinem Immortalitätsapparat[3], den Leichensteinen und Kreuzen und ih-ren Inschriften, die dem Tod, statt ihm zu trotzen, höchstens neue Arbeit machen, und wer weiß, wie unentwirrbar sich im

---

[1] Dichter, Lyriker
[2] feste Seezeichen
[3] Unsterblichkeitsapparat

Menschen die unbewussten und bewussten Motive seiner Handlungen zum Knoten verschlingen, der wird die Wahrheit dieser
Inschriften selbst dann noch in Zweifel ziehen müssen, wenn der
Tote sie sich selbst gesetzt und den guten Willen zur Aufrichtig-
keit dargelegt hat. Ist nun aber solchem nach das materielle Fundament der Geschichte ein von vornherein nach allen Seiten
durchlöchertes und durchlöcherbares, so kann die Aufgabe des
Dramas doch unmöglich darin bestehen, mit eben diesem Fundament, diesem verdächtigen Konglomerat[1] von Begebenheiten-
skizzen und Gestaltenschemen, einen zweifelhaften Galvanisie-
rungsversuch[2] anzustellen, und der nüchterne Lessing'sche Ausspruch in der Dramaturgie[3], wonach der dramatische Dichter die
Geschichte, je nach Befund der Umstände, benutzen oder unbe-
nutzt lassen darf, ohne in dem letzten Fall einen Tadel oder in
dem ersten ein spezielles Lob zu verdienen, wird, wenn man ihn
nur über die Negation hinaus dahin erweitert, dass das Drama
dessen ungeachtet den höchsten Gehalt der Geschichte in sich
aufnehmen kann und soll, in voller Kraft verbleiben, am wenigsten aber durch Shakespeares Beispiel, in dessen historischen Dramen die auf das Aparte zuweilen etwas versessene romantische
Schule plötzlich mehr finden wollte als in seinen übrigen, des
größeren Gesichtskreises wegen unzweifelhaft höher stehenden
Stücken, umgestoßen werden, denn Shakespeare scheuerte nicht
etwa die „alten Schaumünzen" mit dem Kopf Wilhelms des Er-
oberers[4] oder König Ethelreds[5] wieder blank, sondern mit jenem
großartigen Blick in das wahrhaft Lebendige, der diesen einzigen
Mann nicht sowohl auszeichnet, als ihn macht, stellte er dar, was
noch im Bewusstsein seines Volks lebte, es noch daran zu tragen

---

[1] Gemisch, Häufung
[2] hier: Versuch, leblosen Gegenständen den Anschein von Leben zu geben;
nach dem italienischen Arzt und Naturforscher Luigi Galvani (1737–1798)
benannt
[3] Die zitierte Stelle steht im 24. Stück der *Hamburgischen Dramaturgie*
(1762–1769) von Gotthold Ephraim Lessing (1729–1781).
[4] Wilhelm I. (1027–1087), seit 1035 Herzog der Normandie, seit 1066 König
von England
[5] Hebbel meint entweder Ethelred I. (866–871) oder Ethelred II., „den Un-
beratenen" (978–1016).

und zu zehren hatte, den Krieg der roten Rose mit der weißen[1],
die Höllenausgeburten des Kampfes und die, in der deshalb so
„fromm und maßvoll" gehaltenen Person Richmonds[2] aufdäm-
mernden Segnungen des endlichen Friedens. Wenn dies von aller
5 Geschichte gilt, wie es denn der Fall ist, so gilt es noch ganz besonders von der deutschen; es betrübt mich daher aufrichtig, dass
bei uns, ungeachtet so viel schlimmer Erfahrungen, das Dramati-
sieren unserer ausgangs- und darum sogar im *untergeordneten
Sinn* gehaltlosen Kaiserhistorien immer wieder in die Mode
10 kommt. Ist es denn so schwer, zu erkennen, dass die deutsche
Nation bis jetzt überall keine Lebens-, sondern nur eine Krank-
heitsgeschichte aufzuzeigen hat, oder glaubt man alles Ernstes,
durch das *In-Spiritus-Setzen*[3] der *Hohenstaufenbandwürmer*[4], die
ihr die Eingeweide zerfressen haben, die Krankheit heilen zu
15 können? Wenn ich die Talente, die ihre Kraft an einem auf diesem
Wege nicht zu erreichenden, obgleich an sich hochwichtigen und
realisierbaren Zweck vergeuden, nicht achtete, so würde ich die
Frage nicht aufwerfen. Es gibt hiefür eine andere, freilich sekun-
däre Form, die nicht so sehr wie die dramatische auf Konzentrati-
20 on und Progression angewiesen ist und die durch die ihr verstat-
tete Detailmalerei ein Interesse, das sie im Volk nicht vorfindet,
ohne dass das Volk darum zu schelten wäre, erwecken kann, die
von Walter Scott[5] geschaffene Form des historischen Romans, die
in Deutschland keiner so vollständig ausgefüllt, ja erweitert hat,
25 als Willibald Alexis[6] in seinem letzten Roman: Der falsche Wolde-
mar. Auf diesen Roman, der, an Brandenburg anknüpfend, alle

---

[1] Rosenkriege, Name für die bürgerkriegsähnlichen Kämpfe in den Jahren
   1455–1485 zwischen den Häusern Lancaster (rote Rose) und York (weiße
   Rose im Wappen)
[2] Heinrich Graf von Richmond, der spätere König Heinrich VII. von England (1456–1509), Figur in Shakespeares *Richard III.* (1597)
[3] medizinische Konservierung mithilfe von Alkohol
[4] Hebbel denkt vermutlich an Grabbes Dramen *Kaiser Friedrich Barbarossa*
   (1829) und *Kaiser Heinrich der Sechste* (1830) sowie Karl Leberecht Immer-
   manns (1796–1840) *Kaiser Friedrich der Zweite* (1828).
[5] Walter Scott (1771–1832), viel gelesener schottischer Romanautor
[6] Pseudonym für Georg Wilhelm Heinrich Häring (1798–1871), erfolg-
   reicher Romanautor

deutschen Verhältnisse der dargestellten wichtigen Epoche zur Anschauung bringt und Geschichte gibt, ohne sie auf der einen Seite in Geschichten aufzulösen oder auf der anderen einem sogenannten historischen Pragmatismus[1] die Fülle des Lebens und der Gestalten zu opfern, nehme ich hier zur Verdeutlichung meiner Gedanken gern Bezug.

So viel im Allgemeinen. Nun noch ein Wort in Beziehung auf das Drama, das ich dem Publikum jetzt vorlege. Der Bänkelsängerstab, vor dem Immermann[2] so gerechte Scheu trug, widert auch mich an, ich werde daher nicht über mein Stück und dessen Ökonomie[3] (obgleich ich einige Ursache und vielleicht auch einiges Recht dazu hätte, denn man hat mir die Judith und die Genoveva fast auf den Kopf gestellt, man hat mir in der Ersteren namentlich das Moment, worin ihr ganzes Verdienst liegt, die Verwirrung der Motive in der Heldin, ohne die sie eine Katze, wenn man will, eine heroische, geworden oder geblieben wäre, und die Abteilung der Tat aus eben dieser Verwirrung, die nur dadurch eine tragische, d.h. eine *in sich*, des welthistorischen Zwecks wegen *notwendige*, zugleich aber das mit der Vollbringung beauftragte Individuum wegen seiner partiellen Verletzung des sittlichen Gesetzes *vernichtende*, werden konnte, zum Vorwurf gemacht, mir also geradezu die Tugend als Sünde angerechnet), ich werde nur über die Gattung, zu der es gehört, reden. Es ist ein *bürgerliches Trauerspiel*. Das bürgerliche Trauerspiel ist in Deutschland in Misskredit geraten, und hauptsächlich durch zwei Übelstände. Vornehmlich dadurch, dass man es nicht aus seinen *inneren*, ihm allein eigenen Elementen, aus der schroffen Geschlossenheit, womit die aller Dialektik unfähigen Individuen sich in dem beschränktesten Kreis gegenüberstehen, und aus der hieraus entspringenden schrecklichen *Gebundenheit des Lebens* in der *Einseitigkeit* aufgebaut, sondern es aus allerlei *Äußerlichkeiten*, z.B. aus dem Mangel an Geld bei Über-

---

[1] Geschichtsbetrachtung, bei welcher der ursächliche Zusammenhang einer Begebenheit dargestellt wird

[2] Im Vorwort zu seinem *Trauerspiel in Tirol* (1827) lehnt Immermann es ab, als Dichter sein eigenes Werk wie ein Bänkelsänger, der auf dem Jahrmarkt mit dem Zeigestock bebilderte Moritaten vorführt, zu deuten.

[3] hier: Verwendung und Anordnung dramaturgischer Elemente

fluss an Hunger, vor allem aber aus dem Zusammenstoßen des
dritten Standes mit dem zweiten und ersten in Liebesaffären zu-
sammengeflickt hat. Daraus geht nun unleugbar viel Trauriges,
aber nichts Tragisches, hervor, denn das Tragische muss als ein
5 von vornherein mit Notwendigkeit Bedingtes, als ein wie der Tod
mit dem Leben selbst Gesetztes und gar nicht zu Umgehendes
auftreten; sobald man sich mit einem: Hätte er (dreißig Taler gehabt, dem die gerührte Sentimentalität wohl gar noch ein: wäre er
doch zu mir gekommen, ich wohne ja Nr. 32, hinzufügt) oder ei-
10 nem: *Wäre sie* (ein Fräulein gewesen usw.) helfen kann, wird der
Eindruck, der erschüttern soll, trivial und die Wirkung, wenn sie
nicht ganz verpufft, besteht darin, dass die Zuschauer am nächsten Tag mit größerer Bereitwilligkeit wie sonst ihre Armensteuer
bezahlen oder ihre Töchter nachsichtiger behandeln, dafür haben
15 sich aber die resp.[1] Armenvorsteher und Töchter zu bedanken,
nicht die dramatische Kunst. Dann auch dadurch, dass unsere Poeten, wenn sie sich einmal zum Volk herniederließen, weil ihnen
einfiel, dass man doch vielleicht bloß ein Mensch sein dürfe[2], um
ein Schicksal, und unter Umständen ein ungeheures Schicksal,
20 haben zu können, die gemeinen Menschen, mit denen sie sich in
solchen verlorenen Stunden befassten, immer erst durch schöne
Reden, die sie ihnen aus ihrem eigenen Schatz vorstreckten, adeln,
oder auch durch stöckige[3] Borniertheit[4] noch unter ihren wirkli-
chen Standpunkt in der Welt hinabdrücken zu müssen glaubten,
25 sodass ihre Personen uns zum Teil als verwunschene Prinzen und
Prinzessinnen vorkamen, die der Zauberer aus Malice[5] nicht einmal in Drachen oder Löwen und andere respektable Notabilitäten[6]
der Tierwelt, sondern in schnöde Bäckermädchen und Schneider-
gesellen verwandelt hatte, zum Teil aber auch als belebte Klötze,
30 an denen es uns schon wunder nehmen musste, dass sie Ja und
Nein sagen konnten. Dies war nun womöglich noch schlimmer, es

---

[1] respektiven: jeweiligen
[2] zu sein brauche
[3] hier: starre
[4] Beschränktheit
[5] Bosheit, Tücke
[6] vornehme, berühmte Persönlichkeiten

fügte dem Trivialen[1] das Absurde und Lächerliche hinzu, und
obendrein auf eine sehr in die Augen fallende Weise, denn jeder
weiß, dass Bürger und Bauern ihre Tropen[2], deren sie sich ebenso
gut bedienen wie die Helden des Salons und der Promenaden,
5 nicht am Sternenhimmel pflücken und nicht aus dem Meer fi-
schen, sondern dass der Handwerker sie sich in seiner Werkstatt,
der Pflüger sie hinter seinem Pflug zusammenliest, und mancher
macht wohl auch die Erfahrung, dass diese simplen Leute sich,
wenn auch nicht aufs Konversieren[3], so doch recht gut aufs leben-
10 dige Reden, auf das Mischen und Veranschaulichen ihrer Gedanken, verstehen. Diese beiden Übelstände machen das Vorurteil
gegen das bürgerliche Trauerspiel begreiflich, aber sie können es
nicht rechtfertigen, denn sie fallen augenscheinlich nicht der Gattung, sondern nur den Pfuschern, die in ihr gestümpert haben,
15 zur Last. Es ist an und für sich gleichgültig, ob der *Zeiger der Uhr*
von *Gold* oder von *Messing* ist, und es kommt nicht darauf an, ob
eine in sich bedeutende, d. h. symbolische Handlung sich in einer
niederen, oder einer gesellschaftlich höheren Sphäre ereignet.
Aber freilich, wenn in der heroischen Tragödie die *Schwere des*
20 *Stoffs,* das Gewicht der sich unmittelbar daran knüpfenden Refle-
xionen eher bis auf einen gewissen Grad für die *Mängel* der *tragischen Form* entschädigt, so hängt im bürgerlichen Trauerspiel *alles*
davon ab, ob der *Ring* der tragischen *Form geschlossen,* d. h. ob der
Punkt erreicht wurde, wo uns einesteils nicht mehr die kümmerli-
25 che Teilnahme an dem *Einzelgeschick* einer von dem Dichter will-
kürlich aufgegriffenen Person zugemutet, sondern dieses in ein
allgemein Menschliches, wenn auch nur in extremen Fällen so
schneidend hervortretendes, aufgelöst wird und wo uns andern-
teils neben dem, von der sogenannten *Versöhnung* unserer Aesthe-
30 tici, welche sie in einem in der *wahren* Tragödie – die es mit dem
durchaus *Unauflöslichen* und nur durch ein unfruchtbares Hin-
wegdenken des von vornherein zuzugebenden Faktums zu Besei-

---

[1] dem Gewöhnlichen, Platten
[2] Singular *Trope*: Wendung; Vertauschung des eigentlichen Ausdrucks mit
einem bildlichen
[3] Unterhalten

tigenden zu tun hat – *unmöglichen*, in der auf *konventionelle* Verwir-
rungen gebauten, aber *leicht herbeizuführenden* schließlichen *Emb-
rassement*[1] der anfangs auf *Tod und Leben entzweiten* Gegensätze zu
erblicken pflegen, aufs Strengste zu unterscheidenden *Resultat*
des Kampfes, zugleich auch die *Notwendigkeit*, es gerade auf *diesem*
und keinem andern Wege zu erreichen, entgegentritt. In dem letzten Punkt, der Erläuterung wegen werde es bemerkt, ist die Ottilie
der Wahlverwandtschaften ein vielleicht für alle Zeiten unerreich-
bares Meisterstück, und gerade hierin, hierin aber auch allein, lag
Goethes künstlerisches Recht, ein so ungeheures Schicksal aus
einer an den Ödip erinnernden Willenlosigkeit abzuleiten, da die
himmlische Schönheit einer so ganz innerlichen Natur sich nicht
in einem ruhigen, sondern nur im allergewaltsamsten Zustande
aufdecken konnte. Hiernach, zu allernächst z.B. nach dem Verhältnis der Anekdote zu den im Hintergrund derselben sich mit
ihren positiven und negativen Seiten bewegenden sittlichen Mächten der Familie, der Ehre und der Moral, wäre denn auch bei meinem Stück allein zu fragen, nicht aber nach der sogenannten „blühenden Diktion"[2], diesem jammervollen bunten Kattun[3], worin
die Marionetten sich spreizen[4], oder nach der Zahl der hübschen
Bilder, der Prachtsentenzen und Beschreibungen und anderen
Unterschönheiten, an denen arm zu sein die erste Folge des Reich-
tums ist. Die Erbfehler des bürgerlichen Trauerspiels, deren ich
oben gedachte, habe ich vermieden, das weiß ich, unstreitig habe
ich andere dafür begangen. Welche? Das möchte ich am liebsten
von den einsichtsvollen Beurteilern[5] meiner Genoveva im Vaterland und in den Blättern für die literarische Unterhaltung, denen
ich hier für ihre gründlichen und geistreichen Rezensionen öf-
fentlich meinen Dank ausspreche, erfahren.

Paris, den 4. März 1844.

---

[1] hier: Versöhnung
[2] Ausdrucksweise, Stil
[3] Baumwollstoff
[4] sich aufblähen
[5] Eduard Duller (1809–53), Schriftsteller und Historiker, in der Zeitschrift *Vaterland*; Willibald Alexis in den *Blättern für literarische Unterhaltung*

Sr. Majestät,
dem
König Christian dem Achten
von Dänemark,
in tiefster Ehrfurcht gewidmet.[1]

---

[1]   Am 4. April 1843 bewilligte der dänische König Christian VIII. (1786–1848),
Hebbels Landesherr, dem Dichter ein zweijähriges Reisestipendium von
je 600 Talern. Hebbel will ihm durch die Widmung der *Maria Magdalena*
danken.

Dem Dichter ist es an- und eingeboren,
Dass er sich lange in sich selbst versenkt,
Und, in das innre Labyrinth verloren,
Des äußeren der Welt erst spät gedenkt;
5 Und dennoch hat ihn die Natur erkoren,
Zu zeigen, wie sich dies mit dem verschränkt,
Und es in klarem Bilde darzustellen,
Wie beide sich ergänzen und erhellen.

Denn nicht, wie wohl ein ird'scher Künstler, spielend,
10 Wenn er zurück von seiner Tafel trat,
Dem Lieblingskind, das, lüstern darnach schielend,
Schon längst ihn still um seinen Griffel bat,
Ihn freundlich darreicht, auf nichts andres zielend,
Als dass es, träumend von gewalt'ger Tat,
15 Sein Meisterstück in toten, groben Zügen
Nachbilde, wie es kann, sich zu vergnügen;

Nur, weil sie selbst, ins Einzelste zerfließend,
Sich endlich auch doch konzentrieren muss,
Und, in dem Teil als Ganzes sich genießend,
20 Den Anfang wieder finden in dem Schluss,
Der, sich mit der Idee zusammenschließend,
Ihr erst verschafft den höchsten Selbstgenuss,
Den alle untern Stufen ihr verneinen:
Rein, ganz und unverworren zu erscheinen;

25 Nur darum hat sie, statt ihn zu zerbrechen,
Dem Menschen ihren Zauberstab vertraut,
Als sie, bereit, ihr: es ist gut! zu sprechen,
Zum letzten Mal das Weltall überschaut,
Und dieser stellt nun, das Gesetz zu rächen
30 Am plumpen Stoff, dem ewig davor graut,
In den geschlossnen ersten Kreis den zweiten,
Wo sie nur noch harmonisch sich bestreiten.

Und, anfangs schauernd vor der hohen Gabe,
Wird sich der fromme Künstler bald bewusst,
Dass er zum Dank sich selbst zu opfern habe,

Uns steigt nun tief hinab in seine Brust;
Er fragt nicht, ob ihn auch die Nacht begrabe,
Er geht, so weit er kann, in banger Lust,
Und führt sein Narr im Wappen die Versöhnung,
5 Er hofft nur kaum auf sie, wie auf die Krönung!

Doch, wenn er lange so den roten Faden
Aus sich hervorspinnt, der ihn führen kann,
So wird er plötzlich durch den Geist geladen:
Nun lege ihn in der Geschichte an!
10 Dies ist ein wahrer Ruf von Gottes Gnaden,
Und wer nicht folgt, der zeigt, dass er zerrann!
Ich habe vorlängst diesen Ruf vernommen,
Da hab ich nicht gesäumt, ich bin gekommen.

Und wie mein Blick sich lenkte in das Weite,
15 War mir auch flugs die Sehnsucht eingeflößt,
Die äußre Welt zu schaun in ihrer Breite,
Allein der Mittel sah ich mich entblößt.
Doch gleich stand mir ein Genius zur Seite,
Und von der Scholle ward mein Fuß gelöst,
20 Und was dies hieß, das kann ich jetzt erst wägen,
Wo sich zur Furcht verdichten will der Segen.

Du warst es, Herr und Fürst! Lass dir's gefallen,
Dass ich zum Danke jetzt dies kleine Bild,
Vielleicht das einfach-schlichteste von allen,
25 Worin sich mir das Weltgeschick enthüllt,
Dir bringe, und, wenn sich's für Königshallen
Auch schlecht nur eignet, sei ihm dennoch mild!
Es ist des neuen Frühlings erstes Zeichen,
Und als das *erste* durfte ich's dir reichen!

Personen[1]

Meister Anton, ein Tischler
Seine Frau
Klara, seine Tochter
Karl, sein Sohn
Leonhard
Ein Sekretär
Wolfram, ein Kaufmann
Adam, ein Gerichtsdiener
Ein zweiter Gerichtsdiener
Ein Knabe
Eine Magd

Ort: eine mittlere Stadt

---

[1] Bei der Gestaltung der Personen hat Hebbel Menschen aus seinem engsten Lebenskreis zum Vorbild genommen: seine Eltern, seinen Freund Emil Rousseau (Sekretär), die Familie seines Münchner Vermieters, des Schreinermeisters Anton Schwarz, und in Einzelzügen sogar sich selbst (Leonhard). Ein literarisches Vorbild war für ihn das Gretchen in Goethes *Faust*.

Erster Akt

Erste Szene

Klara. Die Mutter.

Klara. Dein Hochzeitskleid? Ei, wie es dir steht! Es ist, als ob's zu
heut gemacht wäre!

Mutter. Ja, Kind, die Mode läuft so lange vorwärts, bis sie nicht
weiter kann, und umkehren muss. Dies Kleid war schon zehnmal aus der Mode und kam immer wieder hinein.

Klara. Diesmal doch nicht ganz, liebe Mutter! Die Ärmel sind zu
weit. Es muss dich nicht verdrießen!

Mutter (*lächelnd*). Dann müsst ich du sein!

Klara. So hast du also ausgesehen! Aber einen Kranz trugst du
doch auch, nicht wahr?

Mutter. Will's hoffen! Wozu hätt ich sonst den Myrtenbaum[1] jahrelang im Scherben[2] gepflegt!

Klara. Ich hab dich so oft gebeten und du hast es nie angezogen,
du sagtest immer: mein Brautkleid ist's nicht mehr, es ist nun
mein Leichenkleid und damit soll man nicht spielen. Ich
mocht es zuletzt gar nicht mehr sehen, weil es mich, wenn es
so weiß da hing, immer an deinen Tod und an den Tag erin-
nerte, wo die alten Weiber[3] es dir über den Kopf ziehen würden. – Warum denn heut?

Mutter. Wenn man so schwer krank liegt wie ich und nicht weiß,
ob man wieder gesund wird, da geht einem gar manches im
Kopf herum. Der Tod ist schrecklicher, als man glaubt, o, er ist
bitter! Er verdüstert die Welt, er bläst all die Lichter, eins nach
dem andern, aus, die so bunt und lustig um uns her schim-
mern, die freundlichen Augen des Mannes und der Kinder hö-

---

[1] Der Myrtenkranz als bräutlicher Schmuck gilt als Zeichen der Reinheit.
[2] Blumentopf
[3] die Leichenfrauen

ren zu leuchten auf, und es wird finster allenthalben, aber im Herzen zündet er ein Licht an, da wird's hell und man sieht viel, sehr viel, was man nicht sehen mag. Ich bin mir eben nichts Böses bewusst, ich bin auf Gottes Wegen gegangen, ich habe
5 im Hause geschafft, was ich konnte, ich habe dich und deinen Bruder in der Furcht des Herrn[1] aufgezogen und den sauren Schweiß[2] eures Vaters zusammengehalten, ich habe aber immer auch einen Pfennig für die Armen zu erübrigen gewusst, und wenn ich zuweilen einen abwies, weil ich gerade verdrieß-
10 lich war, oder weil zu viele kamen, so war es kein Unglück für ihn, denn ich rief ihn gewiss wieder um und gab ihm doppelt. Ach, was ist das alles! Man zittert doch vor der letzten Stunde, wenn sie hereindroht, man krümmt sich, wie ein Wurm, man fleht zu Gott ums Leben, wie ein Diener den Herrn anfleht, die
15 schlecht gemachte Arbeit noch einmal verrichten zu dürfen, um am Lohntag[3] nicht zu kurz zu kommen.

Klara. Hör davon auf, liebe Mutter, dich greift's an!

Mutter. Nein, Kind, mir tut's wohl! Steh ich denn nicht gesund und kräftig wieder da? Hat der Herr mich nicht bloß gerufen,
20 damit ich erkennen möchte, dass mein Feierkleid noch nicht fleckenlos und rein ist, und hat er mich nicht an der Pforte des Grabes wieder umkehren lassen und mir Frist gegeben, mich zu schmücken für die himmlische Hochzeit[4]? So gnadenvoll war er gegen jene sieben Jungfrauen[5] im Evangelium, das du
25 mir gestern Abend vorlesen musstest, nicht! Darum habe ich heute, da ich zum heiligen Abendmahl gehe, dies Gewand angelegt. Ich trug es den Tag, wo ich die frömmsten und besten Vorsätze meines Lebens fasste. Es soll mich an die mahnen, die ich noch nicht gehalten habe!

30 **Klara.** Du sprichst noch immer wie in deiner Krankheit!

---

[1] in der Furcht vor Gott; im Anklang an die Bibel
[2] Umschreibung für: sauer verdienten geringen Lohn
[3] hier Anspielung auf das Jüngste Gericht
[4] Anklang an die Bibel (Mt 22,2) und ein Bild der mittelalterlichen Mystik, wonach Jesus als Bräutigam und die Seele als Braut dargestellt werden.
[5] Gemeint sind die fünf (nicht sieben) törichten Jungfrauen (Mt 25,1–13), die nicht zur Hochzeit eingelassen werden, weil sie sich verspätet haben.

Zweite Szene

Karl *(tritt auf)*. Guten Morgen, Mutter! Nun, Klara, möchtest du
mich leiden, wenn ich nicht dein Bruder wäre?

5 **Klara.** Eine goldene Kette? Woher hast du die?

Karl. Wofür schwitz ich? Warum arbeit ich abends zwei Stunden
länger als die anderen? Du bist impertinent![1]

Mutter. Zank am Sonntagmorgen? Schäme dich, Karl!

Karl. Mutter, hast du nicht einen Gulden für mich?

10 **Mutter.** Ich habe kein Geld, als was zur Haushaltung gehört.

Karl. Gib nur immer davon her! Ich will nicht murren, wenn du
die Eierkuchen vierzehn Tage lang etwas magerer bäckst. So
hast du's schon oft gemacht! Ich weiß das wohl! Als für Klaras
weißes Kleid gespart wurde, da kam monatelang nichts Lecke-

15 res auf den Tisch. Ich drückte die Augen zu, aber ich wusste
recht gut, dass ein neuer Kopfputz oder ein anderes Fahnen-
stück[2] auf dem Wege war. Lass mich denn auch einmal davon
profitieren!

Mutter. Du bist unverschämt!

20 **Karl.** Ich hab nur keine Zeit, sonst – *(Er will gehen.)*

Mutter. Wohin gehst du?

Karl. Ich will's dir nicht sagen, dann kannst du, wenn der alte
Brummbär nach mir fragt, ohne rot zu werden, antworten,
dass du's nicht weißt. Übrigens brauch ich deinen Gulden gar

25 nicht, es ist das Beste, dass nicht alles Wasser aus einem Brunnen geschöpft werden soll. *(Für sich.)* Hier im Hause glauben
sie von mir ja doch immer das Schlimmste; wie sollt' es mich
nicht freuen, sie in der Angst zu erhalten? Warum sollt' ich's
sagen, dass ich, da ich den Gulden nicht bekomme, nun schon

30 in die Kirche gehen muss, wenn mir nicht ein Bekannter aus
der Verlegenheit hilft? *(Ab.)*

---

[1] unverschämt, frech
[2] Kleidungsstück

Dritte Szene

Klara. Was soll das heißen?[1]

Mutter. Ach, er macht mir Herzeleid! Ja, ja, der Vater hat Recht, das sind die Folgen! So allerliebst, wie er als kleiner Lockenkopf um das Stück Zucker bat, so trotzig fordert er jetzt den
5   Gulden! Ob er den Gulden wirklich nicht fordern würde, wenn ich ihm das Stück Zucker abgeschlagen hätte? Das peinigt mich oft! Und ich glaube, er liebt mich nicht einmal. Hast du ihn ein einziges Mal weinen sehen während meiner Krankheit?

10 **Klara.** Ich sah ihn ja nur selten, fast nicht anders, als bei Tisch. Mehr Appetit hatte er, als ich!

Mutter. *(schnell)*. Das war natürlich, er musste die schwere Arbeit verrichten!

Klara. Freilich! Und wie die Männer sind! Die schämen sich ihrer
15   Tränen mehr als ihrer Sünden! Eine geballte Faust, warum die nicht zeigen, aber ein weinendes Auge? Auch der Vater! Schluchzte er nicht den Nachmittag, wo dir zur Ader gelassen[2] wurde und kein Blut kommen wollte, an seiner Hobelbank, dass mir's durch die Seele ging! Aber als ich nun zu ihm trat
20   und ihm über die Backen strich, was sagte er? Versuch doch, ob du mir den verfluchten Span nicht aus dem Auge herausbringen kannst, man hat so viel zu tun und kommt nicht vom Fleck!

Mutter *(lächelnd)*. Ja, ja! Ich sehe den Leonhard ja gar nicht mehr.
25   Wie kommt das?

Klara. Mag er wegbleiben!

Mutter. Ich will nicht hoffen, dass du ihn anderswo siehst als hier im Hause!

Klara. Bleib ich etwa zu lange weg, wenn ich abends zum Brun-
30   nen gehe, dass du Grund zum Verdacht hast?

---

[1] bezieht sich auf Karls Bemerkung „Übrigens brauch ich deinen Gulden gar nicht" (37,24f.)

[2] Blut entnommen; altes Behandlungsverfahren bei akuten Herzbelastungen

Mutter. Nein, das nicht! Aber nur darum hab ich ihm Erlaubnis gegeben, dass er zu uns kommen darf, damit er dir nicht bei Nebel und Nacht aufpassen soll. Das hat meine Mutter auch nicht gelitten!

5 **Klara.** Ich seh ihn nicht!

Mutter. Schmollt ihr miteinander? Ich mag ihn sonst wohl leiden, er ist so gesetzt! Wenn er nur erst etwas wäre! Zu meiner Zeit hätt er nicht lange warten dürfen[1], da rissen die Herren sich um einen geschickten Schreiber wie die Lahmen um die Krü-
10 cke, denn sie waren selten. Auch wir geringeren Leute konnten ihn brauchen. Heute setzte er dem Sohn einen Neujahrswunsch für den Vater auf und erhielt allein für den vergoldeten Anfangsbuchstaben so viel, dass man einem Kinde eine Docke[2] dafür hätte kaufen können. Morgen gab ihm der Vater
15 einen Wink und ließ sich den Wunsch vorlesen, heimlich, bei verschlossenen Türen, um nicht überrascht zu werden und die Unwissenheit aufgedeckt zu sehen. Das gab doppelte Bezahlung. Da waren die Schreiber obenauf und machten das Bier teuer[3]. Jetzt ist's anders, jetzt müssen wir Alten, die wir uns
20 nicht aufs Lesen und Schreiben verstehen, uns von neunjährigen Buben ausspotten lassen! Die Welt wird immer klüger, vielleicht kommt noch einmal die Zeit, wo einer sich schämen muss, wenn er nicht auf dem Seil tanzen kann!

Klara. Es läutet!

25 **Mutter.** Nun, Kind, ich will für dich beten! Und was deinen Leonhard betrifft, so liebe ihn, wie er Gott liebt, nicht mehr, nicht weniger. So sprach meine alte Mutter zu mir, als sie aus der Welt ging und mir den Segen gab, ich habe ihn lange genug behalten, hier hast du ihn wieder!

30 **Klara** (*reicht ihr einen Strauß*). Da!

Mutter. Der kommt gewiss von Karl!

Klara (*nickt; dann beiseite*). Ich wollt', es wäre so! Was ihr eine rechte Freude machen soll, das muss von ihm kommen!

---

[1] zu warten brauchen
[2] Puppe
[3] trieben wegen ihres guten Verdienstes die Preise hoch

Mutter. O, er ist gut und hat mich lieb! *(Ab.)*

Klara *(sieht ihr durchs Fenster nach).* Da geht sie! Dreimal träumt
ich, sie läge im Sarg, und nun – o die boshaften Träume, sie
kleiden sich in unsere Furcht, um unsre Hoffnung zu erschre-
⁵ cken! Ich will mich niemals wieder an einen Traum kehren,
ich will mich über einen guten nicht wieder freuen, damit ich
mich über den bösen, der ihm folgt, nicht wieder zu ängstigen
brauche! Wie sie fest und sicher ausschreitet! Schon ist sie
dem Kirchhof nah – wer wohl der Erste ist, der ihr begegnet?[1]
¹⁰ Es soll nichts bedeuten, nein, ich meine nur – *(Erschrocken
zusammenfahrend.)* Der Totengräber! Er hat eben ein Grab gemacht und steigt daraus hervor, sie grüßt ihn und blickt lächelnd in die düstre Grube hinab, nun wirft sie den Blumen-
strauß hinunter und tritt in die Kirche. *(Man hört einen Choral.)*
¹⁵ Sie singen: Nun danket alle Gott! *(Sie faltet die Hände.)* Ja! Ja!
Wenn meine Mutter gestorben wäre, nie wär ich wieder ruhig
geworden, denn – *(Mit einem Blick gen Himmel.)* Aber du bist
gnädig, du bist barmherzig! Ich wollt', ich hätt einen Glauben
wie die Katholischen, dass ich dir etwas schenken dürfte! Mei-
²⁰ ne ganze Sparbüchse wollt' ich leeren und dir ein schönes ver-
goldetes Herz kaufen und es mit Rosen umwinden. Unser
Pfarrer sagt, vor dir seien die Opfer nichts, denn alles sei dein
und man müsste dir das, was du schon hast, nicht erst geben
wollen! Aber alles, was im Hause ist, gehört meinem Vater
²⁵ doch auch, und dennoch sieht er's gar gern, wenn ich ihm für
sein eignes Geld ein Tuch kaufe und es sauber sticke und ihm
zum Geburtstag auf den Teller lege. Ja, er tut mir die Ehre an
und trägt's nur an den höchsten Feiertagen, zu Weihnacht
oder zu Pfingsten! Einmal sah ich ein ganz kleines katho-
³⁰ lisches Mädchen, das seine Kirschen zum Altar trug. Wie gefiel mir das! Es waren die ersten im Jahr, die das Kind bekam,
ich sah, wie es brannte, sie zu essen! Dennoch bekämpfte es
seine unschuldige Begierde, es warf sie, um nur der Versu-

---

[1] Nach einem Aberglauben gibt die erste Person, die einem auf einem
wichtigen Wege entgegenkommt, eine Vorausdeutung auf das Ende dieses Weges.

chung ein Ende zu machen, rasch hin, der Messpfaff, der eben
den Kelch erhob, schaute finster drein und das Kind eilte er-
schreckt von dannen, aber die Maria über dem Altar lächelte so
mild, als wünschte sie aus ihrem Rahmen herauszutreten, um
5   dem Kind nachzueilen und es zu küssen. Ich tat's für sie! Da
kommt Leonhard! Ach!

Vierte Szene

Leonhard *(vor der Tür)*. Angezogen?
Klara. Warum so zart, so rücksichtsvoll? Ich bin noch immer keine Prinzessin.
10 **Leonhard** *(tritt ein)*. Ich glaubte, du wärst nicht allein! Im Vorü-
bergehen kam es mir vor, als ob Nachbars Bärbchen am Fens-
ter stände!
Klara. Also darum!
Leonhard. Du bist immer verdrießlich! Man kann vierzehn Tage
15 weggeblieben sein, Regen und Sonnenschein können sich am
Himmel zehnmal abgelöst haben, in deinem Gesicht steht,
wenn man endlich wiederkommt, immer noch die alte Wolke!
Klara. Es gab andere Zeiten!
Leonhard. Wahrhaftig! Hättest du immer ausgesehen, wie jetzt,
20 wir wären niemals gut Freund geworden!
Klara. Was lag daran!
Leonhard. So frei fühlst du dich von mir? Mir kann's recht sein!
Dann *(mit Beziehung)* hat dein Zahnweh[1] von neulich nichts
zu bedeuten gehabt!
25 **Klara.** O Leonhard, es war nicht recht von dir!
Leonhard. Nicht recht, dass ich mein höchstes Gut, denn das bist
du, auch durch das letzte Band[2] an mich fest zu knüpfen
suchte? Und in dem Augenblick, wo ich in Gefahr stand, es zu
verlieren? Meinst du, ich sah die stillen Blicke nicht, die du mit
30 dem Sekretär wechseltest? Das war ein schöner Freudentag für
mich! Ich führe dich zum Tanz, und –

---

[1] vermutlich Klaras Unwohlsein wegen ihrer Schwangerschaft
[2] ihre völlige Hingabe

Klara. Du hörst nicht auf, mich zu kränken! Ich sah den Sekretär an, warum sollt' ich's leugnen? Aber nur wegen des Schnurrbarts, den er sich auf der Akademie hat wachsen lassen, und der ihm – *(Sie hält inne.)*

5 **Leonhard.** So gut steht, nicht wahr? Das wolltest du doch sagen? O ihr Weiber! Euch gefällt das Soldatenzeichen noch in der ärgsten Karikatur! Mir kam das kleine, lächerlich-runde Gesicht des Gecken, ich bin erbittert auf ihn, ich verhehle es nicht, er hat mir lange genug bei dir im Wege gestanden, mit dem

10 Walde von Haaren, der es in der Mitte durchschneidet, wie ein weißes Kaninchen vor, das sich hinter den Busch verkriecht.

Klara. Ich habe ihn noch nicht gelobt, du brauchst ihn nicht herabzusetzen.

Leonhard. Du scheinst noch immer warmen Anteil an ihm zu

15 nehmen!

Klara. Wir haben als Kinder zusammen gespielt, und nachher – du weißt recht gut!

Leonhard. O ja, ich weiß! Aber eben darum!

Klara. Da war es wohl natürlich, dass ich, nun ich ihn seit so lan-

20 ger Zeit zum ersten Mal wieder erblicke, ihn ansah und mich verwunderte, wie groß und – *(Sie unterbricht sich.)*

Leonhard. Warum wurdest du denn rot, als er dich wieder ansah?

Klara. Ich glaubte, er sähe nach dem Wärzchen auf meiner linken Backe, ob das auch größer geworden sei! Du weißt, dass ich

25 mir dies allemal einbilde, wenn mich jemand so starr betrachtet, und dass ich dann immer rot werde. Ist mir's doch, als ob die Warze wächst, solange einer danach guckt!

Leonhard. Sei's, wie es sei, mich überlief's[1], und ich dachte: Noch diesen Abend stell ich sie auf die Probe! Will sie mein Weib

30 werden, so weiß sie, dass sie nichts wagt. Sagt sie Nein, so –

Klara. O, du sprachst ein böses, böses Wort, als ich dich zurückstieß und von der Bank aufsprang. Der Mond, der bisher zu meinem Beistand so fromm in die Laube hineingeschienen hatte, ertrank kläglich in den nassen Wolken, ich wollte fort-

35 eilen, doch ich fühlte mich zurückgehalten, ich glaubte erst,

---

[1] mir wurde heiß und kalt

du wärst es, aber es war der Rosenbusch, der mein Kleid mit
seinen Dornen, wie mit Zähnen, festhielt, du lästertest mein
Herz und ich traute ihm selbst nicht mehr, du standst vor mir,
wie einer, der eine Schuld einfordert, ich – ach Gott!

5 **Leonhard.** Ich kann's noch nicht bereuen. Ich weiß, dass ich dich
mir nur so erhalten konnte. Die alte Jungendliebe tat die Augen wieder auf, ich konnte sie nicht schnell genug zudrücken.

Klara. Als ich zu Hause kam, fand ich meine Mutter krank, tod-
krank. Plötzlich dahingeworfen, wie von unsichtbarer Hand.

10 Der Vater hatte nach mir schicken wollen, sie hatte es nicht
zugegeben, um mich in meiner Freude nicht zu stören. Wie
ward mir zumut, als ich's hörte! Ich hielt mich fern, ich wagte
nicht, sie zu berühren, ich zitterte. Sie nahm's für kindliche
Besorgnis, und winkte mich zu sich heran, als ich mich lang-

15 sam nahte, zog sie mich zu sich nieder und küsste meinen
entweihten Mund. Ich verging, ich hätte ihr ein Geständnis
tun, ich hätte ihr zuschreien mögen, was ich dachte und fühlte: Meinetwegen liegst du so da! Ich tat's, aber Tränen und
Schluchzen erstickten die Worte, sie griff nach der Hand

20 meines Vaters und sprach mit einem seligen Blick auf mich:
Welch ein Gemüt!

Leonhard. Sie ist wieder gesund. Ich kam, ihr meinen Glück-
wunsch abzustatten, und – was meinst du?

Klara. Und?

25 **Leonhard.** Bei deinem Vater um dich anzuhalten!

Klara. Ach!

Leonhard. Ist dir's nicht recht?

Klara. Nicht recht? Mein Tod wär's, wenn ich nicht bald dein Weib
würde, aber du kennst meinen Vater nicht! Er weiß nicht, wa-

30 rum wir Eile haben, er kann's nicht wissen und wir können's
ihm nicht sagen, und er hat hundertmal erklärt, dass er seine
Tochter nur dem gibt, der, wie er es nennt, nicht bloß Liebe im
Herzen, sondern auch Brot im Schrank für sie hat. Er wird
sprechen: Wart noch ein Jahr, mein Sohn, oder zwei, und was

35 willst du antworten?

Leonhard. Närrin, der Punkt ist ja gerade beseitigt! Ich habe die
Stelle, ich bin Kassierer!

Klara. Du bist Kassierer? Und der andere Kandidat, der Neffe vom
Pastor?

Leonhard. War betrunken, als er zum Examen kam, verbeugte
sich gegen den Ofen statt gegen den Bürgermeister und stieß,
als er sich niedersetzte, drei Tassen vom Tisch. Du weißt, wie
hitzig der Alte ist. „Herr!, fuhr er auf, doch noch bekämpfte er
sich und biss sich auf die Lippen, aber seine Augen blitzten
durch die Brille, wie ein Paar Schlangen, die springen wollen,
und jede seiner Mienen spannte sich. Nun ging's ans Rechnen, und, ha! ha! mein Mitbewerber rechnete nach einem
selbsterfundenen Einmaleins, das ganz neue Resultate liefer-
te; „der verrechnet sich!", sprach der Bürgermeister und
reichte mir mit einem Blick, indem schon die Bestallung[1] lag,
die Hand, die ich, obgleich sie nach Tabak roch, demütig an die
Lippen führte, hier ist sie selbst, unterschrieben und besiegelt!

Klara. Das kommt –

Leonhard. Unerwartet, nicht wahr? Nun, es kommt auch nicht so
ganz von ungefähr. Warum ließ ich mich vierzehn Tage lang
bei euch nicht sehen?

Klara. Was weiß ich? Ich denke, weil wir uns den letzten Sonntag
erzürnten!

Leonhard. Den kleinen Zwist führte ich selbst listig herbei, damit
ich wegbleiben könnte, ohne dass es zu sehr auffiele.

Klara. Ich verstehe dich nicht!

Leonhard. Glaub's. Die Zeit benutzt ich dazu, der kleinen buck-
ligten Nichte des Bürgermeisters, die so viel bei dem Alten gilt,
die seine rechte Hand ist, wie der Gerichtsdiener die linke, den
Hof zu machen. Versteh mich recht! Ich sagte ihr selbst nichts
Angenehmes, ausgenommen ein Kompliment über ihre
Haare, die bekanntlich rot sind, ich sagte ihr nur einiges, das
ihr wohl gefiel, über dich!

Klara. Über mich?

Leonhard. Warum sollt' ich's verschweigen? Geschah es doch in
der besten Absicht! Als ob es mir nie im Ernst um dich zu tun
gewesen wäre, als ob – Genug! Das dauerte so lange, bis ich

---

[1] Einsetzung in ein Amt

dies in Händen hatte, und wie's gemeint war, wird die leicht-
gläubige, manntolle Törin erfahren, sobald sie uns in der Kirche aufbieten hört!

Klara. Leonhard!

5 **Leonhard.** Kind! Kind! Sei du ohne Falsch, wie die Taube, ich will
klug wie die Schlange[1] sein, dann genügen wir, da Mann und
Weib doch nur eins sind, dem Evangelienspruch vollkommen.
(Lacht.) Es kam auch nicht ganz von selbst, dass der junge
Herrmann in dem wichtigsten Ausgenblick seines Lebens be-
10 trunken war. Du hast gewiss nicht gehört, dass der Mensch
sich aufs Trinken verlegt!

Klara. Kein Wort.

Leonhard. Umso leichter glückte mein Plan. Mit drei Gläsern
war's getan. Ein paar Kameraden von mir mussten ihm auf
15 den Leib rücken. „Darf man gratulieren?" Noch nicht! „O, das
ist ja abgemacht! Dein Onkel – Und nun: trink, mein Brüder-
lein, trink!" Als ich heute Morgen zu dir ging, stand er am
Fluss und guckte, übers Brückengeländer sich lehnend,
schwermütig hinein. Ich grüßte ihn spöttisch und fragte, ob
20 ihm etwas ins Wasser gefallen sei? „Ja wohl" – sagte er, ohne
aufzusehen – „und es ist vielleicht gut, wenn ich selbst nach-
springe."

Klara. Unwürdiger! Mir aus den Augen!

Leonhard. Ja? *(Macht, als wollt' er gehen.)*

25 **Klara.** O mein Gott, an diesen Menschen bin ich gekettet!

Leonhard. Sei kein Kind! Und nun noch ein Wort im Vertrauen.
Hat dein Vater die tausend Taler noch immer in der Apotheke
stehen?

Klara. Ich weiß nichts davon.

30 **Leonhard.** Nichts über einen so wichtigen Punkt?

Klara. Da kommt mein Vater.

Leonhard. Versteh mich! Der Apotheker soll nah am Konkurs
sein, darum fragt ich!

Klara. Ich muss in die Küche! *(Ab.)*

---

[1] vgl. Mt 10,16, biblisches Zitat

Leonhard *(allein)*. Nun müsste hier nichts zu holen sein! Ich kann es
mir zwar nicht denken, denn der Meister Anton ist der Art, dass
er, wenn man ihm aus Versehen auch nur einen Buchstaben zu
viel auf den Grabstein setzte, gewiss als Geist so lange umginge,
5   bis er wieder ausgekratzt wäre, denn er würde es für unredlich
halten, sich mehr vom Alphabet anzueignen, als ihm zukäme!

Fünfte Szene

Der Vater, Meister Anton *(tritt ein)*. Guten Morgen, Herr Kassierer! *(Er nimmt seinen Hut ab und setzt eine wollene Mütze auf.)*
Ist's einem alten Manne erlaubt, sein Haupt zu bedecken?[1]
10 **Leonhard.** Er weiß also –
Meister Anton. Schon gestern Abend. Ich hörte, als ich in der Däm-
merung zum toten Müller ging, um dem Mann das Maß zur
letzten Behausung zu nehmen, ein paar von Seinen guten
Freunden auf Ihn schimpfen. Da dachte ich gleich: Der Leon-
15   hard hat gewiss den Hals nicht gebrochen. Im Sterbehause hörte
ich das Nähere vom Küster, der eben vor mir gekommen war, um
die Witwe zu trösten und nebenbei sich selbst zu betrinken.
Leonhard. Und Klara musste es erst von mir erfahren?
Meister Anton. Wenn es Ihn nicht trieb, der Dirne[2] die Freude zu
20   machen, wie sollt' es mich treiben? Ich stecke in meinem Hause keine Kerzen an, als die mir selbst gehören. Dann weiß ich,
dass niemand kommen kann, der sie wieder ausbläst, wenn
wir eben unsre beste Lust daran haben!
Leonhard. Er konnte doch von mir nicht denken –
25 **Meister Anton.** Denken? Über ihn? Über irgendeinen? Ich hoble
mir die Bretter wohl zurecht mit meinem Eisen, aber nie die
Menschen mit meinen Gedanken. Über die Torheit bin ich
längst hinaus. Wenn ich einen Baum grünen sehe, so denk ich
wohl: Nun wird er bald blühen! Und wenn er blüht: Nun wird
30   er Früchte bringen! Darin sehe ich mich auch nicht getäuscht,

---

[1] Meister Anton sieht in Leonhard als Kassierer einen Vertreter der Obrig-
keit, vor dem man ohne Kopfbedeckung steht.
[2] Mädchen (nicht abwertend)

darum geb ich die alte Gewohnheit nicht auf. Aber über Menschen denke ich nichts, gar nichts, nichts Schlimmes, nichts Gutes, dann brauch ich nicht abwechselnd, wenn sie bald meine Furcht, bald meine Hoffnung täuschen, rot oder blass zu

5 werden. Ich mache bloß Erfahrungen über sie und nehme mir ein Beispiel an meinen beiden Augen, die auch nicht denken, sondern nur sehen. Über Ihn glaubte ich schon eine ganze Erfahrung gemacht zu haben, nun finde ich Ihn hier und muss bekennen, dass es doch nur eine halbe gewesen ist!

10 **Leonhard.** Meister Anton, Er macht es ganz verkehrt. Der Baum hängt von Wind und Wetter ab, der Mensch hat in sich Gesetz und Regel!

Meister Anton. Meint Er? Ja, wir Alten sind dem Tod vielen Dank schuldig, dass er uns noch so lange unter euch Jungen herum-

15 laufen lässt und uns Gelegenheit gibt, uns zu bilden. Früher glaubte die dumme Welt, der Vater sei dazu da, um den Sohn zu erziehen. Umgekehrt, der Sohn soll dem Vater die letzte Politur[1] geben, damit der arme einfältige Mann sich im Grabe nicht vor den Würmern zu schämen braucht. Gottlob, ich habe

20 in meinem Karl einen braven Lehrer, der rücksichtslos und, ohne das alte Kind durch Nachsicht zu verzärteln, gegen meine Vorurteile[2] zu Felde zieht. So hat er mir noch heute Morgen zwei neue Lehren gegeben, und auf die geschickteste Weise, ohne auch nur den Mund aufzutun, ohne sich bei mir sehen

25 zu lassen, ja, eben dadurch. Erstlich hat er mir gezeigt, dass man sein Wort nicht zu halten braucht, zweitens, dass es überflüssig ist, in die Kirche zu gehen und Gottes Gebote in sich aufzufrischen. Gestern Abend versprach er mir, es zu tun, und ich verließ mich darauf, dass er kommen würde, denn ich

30 dachte: Er wird dem gütigen Schöpfer doch für die Wiederherstellung seiner Mutter danken wollen. Aber er war nicht da, ich hatte es in meinem Stuhl[3], der freilich für zwei Personen ein

---

[1] etwa: den letzten Schliff
[2] hier: ironisch gemeint für gute Sitte und Erziehungsideale
[3] hier: Platz in der Kirchenbank, der gemietet und mit Namensschild versehen wurde

wenig eng ist, ganz bequem. Ob es ihm wohl ganz recht wäre, wenn ich mir die neue Lehre gleich zu eigen machte und ihm auch mein Wort nicht hielte? Ich habe ihm zu seinem Geburtstag einen neuen Anzug versprochen und hätte also Gelegenheit, seine Freude über meine Gelehrigkeit zu prüfen. Aber das Vorurteil, das Vorurteil! Ich werde es nicht tun!

Leonhard. Vielleicht war er unwohl –

Meister Anton. Möglich, ich brauche meine Frau nur zu fragen, dann hör ich ganz gewiss, dass er krank ist. Denn über alles in der Welt sagt sie mir die Wahrheit, nur nicht über den Jungen. Und wenn auch nicht krank – auch das hat die junge Welt vor uns Alten voraus, dass sie allenthalben ihre Erbauung findet, dass sie beim Vogelfangen, beim Spazierengehen, ja im Wirtshaus ihre Andacht halten kann. „Vater unser, der du bist im Himmel!" – Guten Tag, Peter, sieht man dich beim Abendtanz? – „Geheiligt werde dein Name!" – Ja, lach nur, Kathrine, es findet sich! – „Dein Wille geschehe!" – Hol' mich der Teufel, ich bin noch nicht rasiert! – Und so zu Ende, und den Segen gibt man sich selbst, denn man ist ja ein Mensch, so gut wie der Prediger, und die Kraft, die vom schwarzen Rock ausgeht, steckt gewiss auch im blauen[1]. Ich habe auch nichts dagegen und wollt ihr sogar zwischen die sieben Bitten sieben Gläser einschalten, was tut's, ich kann's keinem beweisen, dass Bier und Religion sich nicht miteinander vertragen, und vielleicht kommt's noch einmal als eine neue Art, das Abendmahl zu nehmen, in die Liturgie. Ich alter Sünder freilich, ich bin nicht stark genug, um die Mode mitzumachen, ich kann die Andacht nicht, wie einen Maikäfer auf der Straße einfangen, bei mir kann das Gezwitscher der Spatzen und Schwalben die Stelle der Orgel nicht vertreten, wenn ich mein Herz erhoben fühlen soll, so muss ich erst die schweren eisernen Kirchtüren hinter mir zuschlagen hören und mir einbilden, es seien die Tore der Welt gewesen, die düstern hohen Mauern mit den schmalen Fenstern, die das helle freche Weltlicht nur verdunkelt durchlassen, als ob sie es sichteten, müssten sich um mich

---

[1] Kleiderfarbe des Wirts

zusammendrängen, und in der Ferne muss ich das Beinhaus[1] mit dem eingemauerten Totenkopf sehen können. Nun – besser ist besser!

Leonhard. Er nimmt's auch zu genau.

5 **Meister Anton.** Gewiss! Ganz gewiss! Und heute, als ehrlicher Mann muss ich's gestehen, trifft's nicht einmal zu, in der Kirche verlor ich die Andacht, denn der offene Platz neben mir verdross mich und draußen, unter dem Birnbaum in meinem Garten, fand ich sie wieder. Er wundert sich? Sieh Er, ich ging be-
10 trübt und niedergeschlagen zu Hause, wie einer, dem die Ernte verhagelt ist, denn Kinder sind wie Äcker, man sät sein gutes Korn hinein und dann geht Unkraut auf. Unter dem Birnbaum, den die Raupen abgefressen haben, stand ich still. „Ja" – dacht ich – „der Junge ist, wie dieser da, leer und kahl!" Da kam es mir
15 auf einmal vor, als ob ich sehr durstig wäre und durchaus ins Wirtshaus müsste. Ich betrog mich selbst, mir war nicht um ein Glas Bier zu tun, nur darum, den Burschen aufzusuchen und auszuschmälen[2], im Wirtshaus, das wusste ich, hätte ich ihn ganz gewiss gefunden. Eben wollt ich gehen, da ließ der alte,
20 vernünftige Baum eine saftige Birne zu meinen Füßen niederfallen, als wollt er sagen: Die ist für den Durst, und weil du mich durch den Vergleich mit deinem Schlingel verschimpfiert hast! Ich besann mich, biss hinein und ging ins Haus.

Leonhard. Weiß Er, dass der Apotheker nah am Konkurs ist?

25 **Meister Anton.** Was kümmert's mich!

Leonhard. So gar nichts?

Meister Anton. Doch! Ich bin ein Christ. Der Mann hat viele Kinder!

Leonhard. Und noch mehr Gläubiger. Auch die Kinder sind eine Art von Gläubigern.

30 **Meister Anton.** Wohl dem, der keins von beiden ist!

Leonhard. Ich glaube, Er selbst –

Meister Anton. Das ist längst abgemacht.

Leonhard. Er ist ein vorsichtiger Mann. Er hat sein Geld gewiss gleich eingefordert, als er sah, dass es mit dem Kräuterhändler
35 rückwärts ging!

---

[1] Aufbewahrungsort für ausgegrabene Gebeine auf Friedhöfen
[2] beschimpfen, kritisieren

Meister Anton. Ja, ich brauche nicht mehr zu zittern, dass ich es verliere, denn ich habe es längst verloren.

Leonhard. Spaß!

Meister Anton. Ernst!

5 **Klara.** *(sieht in die Tür)*. Rief Er, Vater?

Meister Anton. Klingen dir schon die Ohren?[1] Von dir war die Rede noch nicht!

Klara. Das Wochenblatt! *(Ab.)*

Leonhard. Er ist ein Philosoph!

10 **Meister Anton.** Was heißt das?

Leonhard. Er weiß sich zu fassen!

Meister Anton. Ich trage einen *Mühlstein*[2] wohl zuweilen als *Halskrause*, statt damit ins Wasser zu gehen – das gibt einen steifen Rücken!

15 **Leonhard.** Wer's kann, macht's nach!

Meister Anton. Wer einen so wackern Mitträger findet, als ich in Ihm zu finden scheine, der muss unter der Last sogar tanzen können. Er ist ja ordentlich blass geworden! Das nenn ich Teilnahme!

20 **Leonhard.** Er wird mich nicht verkennen!

Meister Anton. Gewiss nicht! *(Er trommelt auf einer Kommode.)* Dass das Holz nicht durchsichtig ist, wie?

Leonhard. Ich versteh Ihn nicht!

Meister Anton. Wie einfältig war unser Großvater Adam, dass er

25 die Eva nahm, ob sie gleich nackt und bloß war und nicht einmal das Feigenblatt mitbrachte. Wir beide, Er und ich, hätten sie als Landstreicherin aus dem Paradiese herausgepeitscht! Was meint Er?

Leonhard. Er ist ärgerlich auf seinen Sohn. Ich kam, Ihn um sei-

30 ne Tochter –

Meister Anton. Halt' Er ein! Vielleicht sag ich nicht Nein!

---

[1] weit verbreitete Redensart nach einem Aberglauben, dass einer Person die Ohren klingen, wenn über sie geredet wird

[2] Nach Mt 18,6 wäre es für jemanden, der einem Kind ein „Ärgernis gibt", „besser, dass ein Mühlstein an seinen Hals gehängt und er ersäuft würde im Meer, wo es am tiefsten ist". – Meister Anton bezieht sich hier ironisch auf die verlorene Mitgift.

Leonhard. Das hoff ich! Und ich will ihm meine Meinung sagen! Sogar die heiligen Erzväter verschmähten nicht den Mahlschatz[1] ihrer Weiber, Jacob liebte die Rahel und warb sieben Jahre um sie, aber er freute sich auch über die fetten Widder und Schafe, die er in ihres Vaters Dienst gewann. Ich denke, es gereicht ihm nicht zur Schande, und ihn übertreffen, heißt ihn rot machen[2]. Ich hätte es gern gesehen, wenn seine Tochter mir ein paar hundert Taler zugebracht hätte, und das war natürlich, denn umso besser würde sie selbst es bei mir gehabt haben, wenn ein Mädchen das Bett im Koffer mitbringt, so braucht sie nicht erst Wolle zu kratzen und Garn zu spinnen. Es ist nicht der Fall – was tut's? Wir machen aus der Fastenspeise unser Sonntagsessen und aus dem Sonntagsbraten unsern Weihnachtsschmaus! So geht's auch!

Meister Anton *(reicht ihm die Hand)*. Er spricht brav, und unser Herrgott nickt zu seinen Worten, nun – ich will's vergessen, dass meine Tochter vierzehn Tage lang des Abends vergeblich beim Teetrinken eine Tasse für Ihn auf den Tisch gestellt hat. Und nun Er mein Schwiegersohn wird, will ich ihm auch sagen, wo die tausend Taler geblieben sind!

Leonhard *(beiseite)*. Also doch weg! Nun, so brauch ich mir von dem alten Werwolf[3] auch nichts gefallen zu lassen, wenn er mein Schwiegervater ist!

Meister Anton. Mir ging's in jungen Jahren schlecht. Ich bin so wenig wie Er als ein borstiger Igel zur Welt gekommen, aber ich bin nach und nach einer geworden. Erst waren all die Stacheln bei mir nach innen gerichtet, da kniffen und drückten sie alle zu ihrem Spaß auf meiner nachgiebigen glatten Haut herum und freuten sich, wenn ich zusammenfuhr, weil die Spitzen mir in Herz und Eingeweide drangen. Aber das Ding gefiel mir nicht, ich kehrte meine Haut um, nun fuhren ihnen die Borsten in die Finger und ich hatte Frieden.

Leonhard *(für sich)*. Vor dem Teufel selbst, glaub ich!

---

[1] hier: Mitgift, Güter, die die Braut mit in die Ehe bringt
[2] ihn in Verlegenheit bringen
[3] hier: Wüterich

Meister Anton. Mein Vater arbeitete sich, weil er sich Tag und
Nacht keine Ruhe gönnte, schon in seinem dreißigsten Jahre
zu Tode, meine arme Mutter ernährte mich mit Spinnen, so
gut es ging, ich wuchs auf, ohne etwas zu lernen, ich hätte mir,
5   als ich größer wurde und doch noch immer nichts verdienen
konnte, wenigstens gern das Essen abgewöhnt, aber wenn ich
mich auch des Mittags zuweilen krank stellte und den Teller
zurückschob, was wollte es bedeuten? Am Abend zwang mich
der Magen, mich wieder für gesund zu erklären. Meine größte
10   Pein war, dass ich so ungeschickt[1] blieb, ich konnte darüber
mit mir selbst hadern, als ob's meine eigene Schuld wäre, als
ob ich mich im Mutterleibe nur mit Fresszähnen versehen und
alle nützliche Eigenschaften und Fertigkeiten wie absichtlich
darin zurückgelassen hätte, ich konnte rot werden, wenn mich
15   die Sonne beschien. Gleich nach meiner Konfirmation trat der
Mann, den sie gestern begraben haben, der Meister Gebhard,
zu uns in die Stube. Er runzelte die Stirn und verzog das Gesicht, wie er immer tat, wenn er etwas Gutes beabsichtigte,
dann sagte er zu meiner Mutter: „Hat Sie Ihren Jungen in die
20   Welt gesetzt, dass er Ihr Nase und Ohren vom Kopf fressen
soll?" Ich schämte mich und legte das Brot, von dem ich mir
gerade ein Stück abschneiden wollte, schnell wieder in den
Schrank, meine Mutter ärgerte sich über das wohlgemeinte
Wort, sie hielt ihr Rad an und versetzte hitzig, ihr Sohn sei brav
25   und gut. „Nun, das wollen wir sehen", sagte der Meister, „wenn
er Lust hat, kann er gleich, wie er da steht, mit mir in die Werkstatt gehen, Lehrgeld[2] verlang ich nicht, die Kost bekommt er,
für Kleider will ich auch sorgen, und wenn er früh aufstehen
und spät zu Bette gehen will, so soll's ihm an Gelegenheit, hin
30   und wieder ein gutes Trinkgeld für seine alte Mutter zu verdienen, nicht fehlen." Meine Mutter fing zu weinen an, ich zu
tanzen, als wir endlich zu Worte kamen, hielt der Meister sich
die Ohren zu, schritt hinaus und winkte mir. Den Hut braucht
ich nicht aufzusetzen, denn ich hatte keinen, ohne der Mutter

---

[1] hier: unausgebildet
[2] Geld, das der Lehrling dem Meister für seine Lehre zahlen musste

auch nur Adjes[1] zu sagen, folgt ich ihm, und als ich am nächsten Sonntag zum ersten Mal auf ein Stündchen zu ihr zurück
durfte, gab er mir einen halben Schinken für sie mit. Gottes
Segen in des braven Mannes Gruft! Noch hör ich sein halbzor-
niges: „Tonerl, unter die Jacke damit, dass meine Frau es nicht
sieht!"

Leonhard. Kann Er auch weinen?

Meister Anton *(trocknet sich die Augen).* Ja, daran darf ich nicht
denken, so gut der Tränenbrunnen auch in mir verstopft ist,
das gibt jedes Mal wieder einen Riss. Nun, auch gut; wenn ich
einmal wassersüchtig werde, so brauche ich mir wenigstens
diese Tropfen nicht mit abzapfen zu lassen. *(Mit einer plötz-
lichen Wendung.)* Was meint Er? Wenn Er den Mann, dem Er
alles verdankte, einmal an einem Sonntagnachmittag auf eine
Pfeife Tabak besuchen wollte, und Er träfe ihn verwirrt und
verstört, ein Messer in der Hand, dasselbe Messer, womit er
ihm tausendmal sein Vesperbrot abgeschnitten, blutig am
Halse, und das Tuch ängstlich bis ans Kinn hinaufziehend –

Leonhard. So ging der alte Gebhard bis an sein Ende!

Meister Anton. Der Narbe wegen. Und Er käme noch eben zur
rechten Zeit, Er könnte retten und helfen, aber nicht bloß dadurch, dass Er ihm das Messer aus der Hand risse und die
Wund verbände, sondern Er müsste auch lumpige tausend Taler, die Er erspart hätte, hergeben, und das müsste sogar, um
den kranken Mann nur zur Annahme zu bewegen, ganz in der
Stille geschehen, was würde er tun?

Leonhard. Ledig und los, wie ich bin, ohne Weib und Kind, würde
ich das Geld opfern.

Meister Anton. Und wenn Er zehn Weiber hätte, wie die Türken,
und so viel Kinder, als dem Vater Abraham versprochen waren,
und Er könnte sich auch nur einen Augenblick bedenken, so
wär Er – nun, Er wird mein Schwiegersohn! Jetzt weiß Er, wo
das Geld geblieben ist, heute konnt ich es Ihm sagen, denn
mein alter Meister ist begraben, vor einem Monat hätt ich's
noch auf dem Sterbebett bei mir behalten. Die Verschreibung

---

[1] volkstümlich für *Adieu*

hab ich dem Toten, bevor sie den Sarg zunagelten, unter den
Kopf geschoben, wenn ich schreiben könnte, hätt ich vorher
ein: Ehrlich bezahlt! darunter gesetzt, unwissend, wie ich bin,
blieb mir nichts übrig, als der Länge nach einen Riss ins Papier
5   zu machen[1]. Nun wird er ruhig schlafen, und ich hoffe, ich
auch, wenn ich mich einst neben ihn hinstrecke.

Sechste Szene

Die Mutter *(tritt schnell ein)*. Kennst mich noch?
Meister Anton *(auf das Hochzeitskleid deutend)*. Den Rahmen, ja
     wohl, der hat sich gehalten, das Bild nicht recht. Es scheint
10   sich viel Spinnweb darauf gesetzt zu haben, nun, die Zeit war
     lang genug dazu!
Mutter. Hab ich nicht einen aufrichtigen Mann? Doch ich brauch
     ihn nicht apart[2] zu loben, Aufrichtigkeit ist die Tugend der
     Ehemänner.
15 **Meister Anton.** Tut's dir leid, dass du mit zwanzig Jahren besser
     vergoldet warst als mit fünfzig?
Mutter. Gewiss nicht! Wär's anders, so müsst ich mich ja für dich
     und mich schämen!
Meister Anton. So gibst du mir einen Kuss! Ich bin rasiert, und
20   besser wie gewöhnlich!
Mutter. Ich sage Ja, bloß um zu prüfen, ob du dich noch auf die
     Kunst verstehst. Das fiel dir lange nicht mehr ein!
Meister Anton. Gute Hausmutter! Ich will nicht verlangen, dass
     du mir die Augen zudrücken sollst, es ist ein schweres Stück,
25   ich will's für dich übernehmen, ich will dir den letzten Liebes-
     dienst erweisen, aber Zeit musst du mir lassen, hörst du, dass
     ich mich stähle und vorbereite und nicht als Stümper bestehe.
     Noch war's viel zu früh!
Mutter. Gott sei Dank, wir bleiben noch eine Weile beisammen.
30 **Meister Anton.** Ich hoff's auch, du hast ja ordentlich wieder rote
     Backen!

---

[1] den Schuldschein ungültig zu machen durch Einreißen
[2] besonders

Mutter. Ein possierlicher Mensch, unser neuer Totengräber. Er machte ein Grab, als ich heute Morgen über den Kirchhof ging, ich fragte ihn, für wen es sei. „Für wen Gott will", sagte er, „vielleicht für mich selbst, es kann mir gehen wie meinem
5 Großvater, der auch mal eins auf den Vorrat gemacht hatte, und in der Nacht, als er aus dem Wirtshaus zu Hause kam, hineinfiel und sich den Hals brach."

Leonhard *(der bisher im Wochenblatt gelesen hat)*. Der Kerl ist nicht von hier, er kann uns vorlügen, was ihm gefällt!

10 **Mutter.** Ich fragte ihn, warum wartet Er denn nicht, bis man die Gräber bei ihm bestellt? „Ich bin heute auf eine Hochzeit gebeten", sprach er, „und da bin ich Prophet genug, um zu wissen, dass ich's morgen noch im Kopf spüren werde. Nun hat mir aber gewiss jemand den Tort[1] angetan und ist gestorben. Da müsst
15 ich morgen beizeiten heraus und könnte nicht ausschlafen."

Meister Anton. Hanswurst, hätt ich gesagt, wenn das Grab nun nicht passt?

Mutter. Ich sagte es auch, aber der schüttelt die spitzen Antworten aus dem Ärmel, wie der Teufel die Flöhe. „Ich habe das Maß
20 nach dem Weber Veit genommen", sagte er, „der ragt, wie König Saul, um einen Kopf über uns alle hinaus, nun mag kommen, wer will, er wird sein Haus nicht zu klein finden, und wenn's zu groß ist, so schadet's keinem als mir, denn als ehrlicher Mann lass ich mir keinen Fuß über die Sarglänge bezahlen." Ich warf
25 meine Blumen hinein und sprach: Nun ist's besetzt!

Meister Anton. Ich denke, der Kerl hat bloß gespaßt und das ist schon sündlich genug. Gräber im Voraus machen hieße vorwitzig die Falle des Todes aufstellen; den Halunken, der es täte, sollte man vom Dienst jagen. *(Zu dem lesenden Leonhard.)* Was
30 Neues? Sucht ein Menschenfreund eine arme Witwe, die ein paar hundert Taler brauchen kann? Oder umgekehrt die arme Witwe den Menschenfreund, der sie geben will?

Leonhard. Die Polizei macht einen Juwelendiebstahl bekannt. Wunderbar genug. Man sieht daraus, dass trotz der schlechten
35 Zeiten noch immer Leute unter uns leben, die Juwelen besitzen.

---

[1] Kränkung, Unrecht

Meister Anton. Ein Juwelendiebstahl? Bei wem?

Leonhard. Beim Kaufmann Wolfram!

Meister Anton. Bei – unmöglich! Da hat mein Karl vor ein paar Tagen einen Sekretär[1] poliert!

5 **Leonhard.** Aus dem Sekretär verschwunden, richtig!

Mutter *(zu Meister Anton).* Vergebe dir Gott dies Wort!

Meister Anton. Du hast Recht, es war ein nichtswürdiger Gedanke!

Mutter. Gegen deinen Sohn, das muss ich dir sagen, bist du nur ein halber Vater.

10 **Meister Anton.** Frau, wir wollen heute nicht darüber sprechen!

Mutter. Er ist anders als du, muss er darum gleich schlecht sein?

Meister Anton. Wo bleibt er denn jetzt? Die Mittagsglocke hat längst geschlagen, ich wette, dass das Essen draußen verkocht und verbrät, weil Klara heimliche Ordre[2] hat, den Tisch nicht

15 zu decken, bevor er da ist.

Mutter. Wo sollt' er bleiben? Höchstens wird er Kegel schieben, und da muss er ja die entfernteste Bahn aufsuchen, damit du ihn nicht entdeckst. Dann ist der Rückweg natürlich lang. Ich weiß auch nicht, was du gegen das unschuldige Spiel hast.

20 **Meister Anton.** Gegen das Spiel? Gar nichts! Vornehme Herren müssen einen Zeitvertreib haben. Ohne den Karten-König hätte der wahre König gewiss oft Langeweile, und wenn die Kegel nicht erfunden wären, wer weiß, ob Fürsten und Barone nicht mit unsern Köpfen bosseln[3] würden! Aber ein Handwerksmann kann

25 nicht ärger freveln, als wenn er seinen sauer verdienten Lohn aufs Spiel setzt. Der Mensch muss, was er mit schwerer Mühe im Schweiß seines Angesichts erwirbt, ehren, es hoch und wert halten, wenn er nicht an sich selbst irre werden, wenn er nicht sein ganzes Tun und Treiben verächtlich finden soll. Wie können sich

30 alle meine Nerven spannen für den Taler, den ich wegwerfen will.

(Man hört draußen die Türklingel.)

Mutter. Da ist er.

---

[1] hier: Schreibpult
[2] Auftrag
[3] kegeln

Siebente Szene

Gerichtsdiener Adam und noch ein **Gerichtsdiener** *(treten ein)*.

Adam *(zu Meister Anton)*. Nun geh' Er nur hin und bezahl' Er
Seine Wette! *Leute im roten Rock mit blauen Aufschlägen (dies
betont er stark)* sollen Ihm nie ins Haus kommen?[1] Hier sind

5 wir unsrer zwei! *(Zum zweiten Gerichtsdiener.)* Warum behält
Er Seinen Hut nicht auf wie ich? Wer wird Umstände machen,
wenn er bei seinesgleichen ist?

Meister Anton. Bei deinesgleichen, Schuft?

Adam. Er hat Recht, wir sind nicht bei unsersgleichen, Schelme

10 und Diebe sind nicht unsersgleichen! *(Er zeigt auf die Kommode.)* Aufgeschlossen! Und dann drei Schritt davon! Dass Er
nichts herauspraktiziert[2]!

Meister Anton. Was? Was?

Klara *(tritt mit Tischzeug ein)*. Soll ich – *(Sie verstummt.)*

15 **Adam** *(zeigt ein Papier)*. Kann Er geschriebene Schrift lesen?

Meister Anton. Soll ich können, was nicht einmal mein Schul-
meister konnte?

Adam. So hör' Er! Sein Sohn hat Juwelen gestohlen. Den Dieb
haben wir schon. Nun wollen wir Haussuchung halten!

20 **Mutter.** Jesus! *(Fällt um und stirbt.)*

Klara. Mutter! Mutter! Was sie für Augen macht!

Leonhard. Ich will einen Arzt holen!

Meister Anton. Nicht nötig! Das ist das letzte Gesicht! Sah' s hundertmal. Gute Nacht, Therese! Du starbst, als du's hörtest! Das

25 soll man dir aufs Grab setzen!

Leonhard. Es ist doch vielleicht – *(Abgehend.)* Schrecklich! Aber
gut für mich! *(Ab.)*

Meister Anton *(zieht ein Schlüsselbund hervor und wirft es von sich)*.
Da! Schließt auf! Kasten nach Kasten! Ein Beil her! Der Schlüs-

30 sel zum Koffer ist verloren! Hei, Schelmen und Diebe! *(Er
kehrt sich die Taschen um.)* Hier find ich nichts!

---

[1] Die Gerichtsdiener gehörten zu den sog. unehrlichen Berufen, mit denen
   die Bürger Berührung und Umgang vermieden.

[2] heimlich herausnimmt

Zweiter Gerichtsdiener. Meister Anton, fass' Er sich! Jeder weiß, dass Er der ehrlichste Mann in der Stadt ist.

Meister Anton. So? So? *(Lacht.)* Ja, ich hab die Ehrlichkeit in der Familie allein verbraucht! Der arme Junge! Es blieb nichts für

5 ihn übrig! Die da – *(er zeigt auf die Tote)* war auch viel zu sittsam! Wer weiß, ob die Tochter nicht – *(Plötzlich zu Klara.)* Was meinst du, mein unschuldiges Kind?

Klara. Vater!

Zweiter Gerichtsdiener *(zu Adam).* Fühlt Er kein Mitleid?

10 **Adam.** Kein Mitleid? Wühl ich dem alten Kerl in den Taschen? Zwing ich ihn, die Strümpfe auszuziehen und die Stiefel umzukehren? Damit wollt' ich anfangen, denn ich hasse ihn, wie ich nur hassen kann, seit er im Wirtshaus sein Glas – Er kennt die Geschichte und Er müsste sich auch beleidigt fühlen, wenn

15 Er Ehre im Leibe hätte. *(Zu Klara.)* Wo ist die Kammer des Bruders?

Klara *(zeigt sie).* Hinten!

Beide Gerichtsdiener *(ab).*

Klara. Vater, er ist unschuldig! Er muss unschuldig sein! Er ist ja

20 dein Sohn, er ist ja mein Bruder!

Meister Anton. Unschuldig, und ein Muttermörder? *(Lacht.)*

Eine Magd *(tritt ein mit einem Brief, zu Klara).* Von Herrn Kassierer Leonhard! *(Ab.)*

Meister Anton. Du brauchst ihn nicht zu lesen! Er sagt sich von

25 dir los! *(Schlägt in die Hände.)* Bravo, Lump!

Klara *(hat gelesen).* Ja! Ja! O mein Gott!

Meister Anton. Lass ihn!

Klara. Vater, Vater, ich kann nicht!

Meister Anton. Kannst nicht? Kannst nicht? Was ist das? Bist du –[1]

30 **Beide Gerichtsdiener** *(kommen zurück).*

Adam *(hämisch).* Suchet, so werdet ihr finden!

Zweiter Gerichtsdiener *(zu Adam).* Was fällt Ihm ein? Traf's denn heute zu?

Adam. Halt' Er's Maul!

35 *(Beide ab.)*

---

[1] zu ergänzen: verführt?

Meister Anton. Er ist unschuldig, und du – du –

Klara. Vater, Er ist schrecklich!

Meister Anton *(fasst sie bei der Hand, sehr sanft).* Liebe Tochter, der
Karl ist doch nur ein Stümper, er hat die Mutter umgebracht,

5 was will's heißen? Der Vater blieb am Leben! Komm ihm zu
Hilfe, du kannst nicht verlangen, dass er alles allein tun soll,
gib du mir den Rest, der alte Stamm sieht noch so knorrig aus,
nicht wahr, aber er wackelt schon, es wird dir nicht zu viel Mühe kosten, ihn zu fällen! Du brauchst nicht nach der Axt zu

10 greifen, du hast ein hübsches Gesicht, ich hab dich noch nie
gelobt, aber heute will ich's dir sagen, damit du Mut und Vertrauen bekommst, Augen, Nase und Mund finden gewiss Beifall, werde – du verstehst mich wohl, oder sag mir, es kommt
mir so vor, dass du's schon bist!

15 **Klara** *(fast wahnsinnig, stürzt der Toten mit aufgehobenen Armen zu
Füßen und ruft, wie ein Kind).* Mutter! Mutter!

Meister Anton. Fass die Hand der Toten und schwöre mir, dass du
bist, was du sein sollst!

Klara. Ich – schwöre – dir – dass – ich – dir – nie – Schande – ma-

20 chen – will!

Meister Anton. Gut! *(Er setzt seinen Hut auf.)* Es ist schönes Wetter! Wir wollen Spießruten laufen[1], straßauf, straßab! *(Ab.)*

---

[1] Ursprünglich war es eine Strafe beim Militär, dann übertragen gemeint:
sich den spöttischen Blicken und Bemerkungen der Mitmenschen aus-
setzen.

Zweiter Akt

Zimmer im Hause des Tischlermeisters.

Erste Szene

Meister Anton *(steht vom Tisch auf).*

Klara *(will abräumen).*

Meister Anton. Willst du wieder nicht essen?

Klara. Vater, ich bin satt.

5 **Meister Anton.** Von nichts?

Klara. Ich aß schon in der Küche.

Meister Anton. Wer keinen Appetit hat, der hat kein gut Gewissen! Nun, alles wird sich finden! Oder war Gift in der Suppe, wie ich gestern träumte? Einiger wilder Schierling[1], aus Verse-
10 hen beim Pflücken ins Kräuterbündel hineingeraten? Dann tatst du klug!

Klara. Allmächtiger Gott!

Meister Anton. Vergib mir, ich – Geh zum Teufel mit deiner blassen Leidensmiene, die du der Mutter des Heilands gestohlen
15 hast! Rot soll man aussehen, wenn man jung ist! Nur einer darf Staat machen mit einem solchen Gesicht, und der tut's nicht! Hei! Jedem eine Ohrfeige, der noch Au sagt, wenn er sich in den Finger geschnitten hat! Dazu hat keiner das Recht mehr, denn hier steht ein Mann, der – Eigenlob stinkt, aber
20 was tat ich, als der Nachbar über deiner Mutter den Sargdeckel zunageln wollte?

Klara. Er riss ihm den Hammer weg und tat's selbst und sprach: dies ist mein Meisterstück! Der Kantor, der eben mit den Chorknaben vor der Tür das Sterbelied absang, meinte, Er sei ver-
25 rückt geworden!

Meister Anton. Verrückt! *(Lacht.)* Verrückt! Ja, ja, das ist ein kluger Kopf, der sich selbst köpft, wenn's Zeit ist. Der meinige muss dazu fest stehen, sonst – Man hockte in der Welt, und

---

[1] Giftpflanze, die lähmend auf die Atemwege wirkt

glaubte in einer guten Herberge hinterm Ofen zu sitzen, da wird plötzlich Licht auf den Tisch gestellt, und siehe da, man ist in einem Räuberloch, nun geht's piff, paff, von allen Seiten, aber es schadet nicht, man hat zum Glück ein steinernes Herz!

5 **Klara.** Ja, Vater, so ist's!

Meister Anton. Was weißt du davon? Meinst du, du hast ein Recht, mit mir zu fluchen, weil dein Schreiber davongelaufen ist? Dich wird ein anderer sonntagnachmittags spazieren führen, ein anderer wird dir sagen, dass deine Backen rot sind und
10 deine Augen blau, ein anderer wird dich zum Weibe nehmen, wenn du's verdienst. Aber wenn du nun dreißig Jahre lang in Züchten und Ehren die Last des Lebens getragen, wenn du nie gemurrt, sondern Leid und Tod und jedes Missgeschick in Geduld hingenommen hast, und dann kommt dein Sohn, der dir
15 für dein Alter ein weiches Kopfkissen stopfen sollte, und überhäuft dich so mit Schande, dass du die Erde anrufen möchtest: verschlucke mich, wenn dich nicht ekelt, denn ich bin kotiger als du! – dann magst du all die Flüche, die ich in meiner Brust zurückhalte, aussprechen, dann magst du dein Haar raufen
20 und deine Brüste zerschlagen, das sollst du vor mir voraushaben, denn du bist kein Mann!

Klara. O Karl!

Meister Anton. Wundern soll mich's doch, was ich tun werde, wenn ich ihn wieder vor mir sehe, wenn er abends vor Lichtan-
25 zünden mit geschorenem Kopf, denn im Zuchthaus sind die Frisuren nicht erlaubt, in die Stube tritt und einen guten Abend herausstottert und die Klinke der Tür in der Hand behält. Tun werd ich etwas, das ist gewiss, aber was? *(Mit Zähnen knirschend.)* Und ob sie ihn zehn Jahre behalten, er wird mich
30 finden, ich werde so lange leben, das weiß ich, merk dir's, Tod, ich bin von jetzt an ein Stein vor deiner Hippe[1], sie wird eher zerspringen, als mich aus der Stelle rücken!

Klara *(fasst seine Hand).* Vater, Er sollte sich eine halbe Stunde niederlegen!

---

[1] sichelartiges Messer; Attribut des Todes

Meister Anton. Um zu träumen, dass du in die Wochen gekommen seist? Um dann aufzufahren und dich zu packen und mich hinterdrein zu besinnen und zu sprechen: Liebe Tochter, ich wusste nicht, was ich tat! Ich danke. Mein Schlaf hat den Gaukler verabschiedet und einen Propheten in Dienst genommen, der zeigt mir mit seinem Blutfinger hässliche Dinge und ich weiß nicht, wie's kommt, alles scheint mir jetzt möglich. Hu, mich schaudert's vor der Zukunft, wie vor einem Glas Wasser, das man durchs Mikroskop – ist's richtig, Herr Kantor[1]? Er hat mir's oft genug vorbuchstabiert! – betrachtet hat. Ich tat's einmal in Nürnberg auf der Messe und mochte den ganzen Tag nicht mehr trinken! Den lieben Karl sah ich in der letzten Nacht mit einer Pistole in der Hand, als ich den Schützen näher ins Auge fasste, drückte er ab, ich hörte einen Schrei, aber vor Pulverdampf konnt ich nichts sehen, auch als der Dampf sich verzog, erblickte ich keinen zerschmetterten Schädel, aber mein Herr Sohn war inzwischen ein reicher Mann geworden, er stand und zählte Goldstücke von einer Hand in die andere und er hatte ein Gesicht – hol' mich der Teufel, man kann's nicht ruhiger haben, wenn man den ganzen Tag arbeitete und nun die Werkstatt hinter sich abschließt. Nun davor könnte man aufpassen! Man könnte Gericht halten und sich nachher selbst vor den höchsten Richter stellen.[2]

Klara. Werd' Er doch wieder ruhig!

Meister Anton. Werd' Er doch wieder gesund! Warum ist Er krank! Ja, Arzt, reich mir nur den Trank der Genesung! Dein Bruder ist der schlechteste Sohn, werde du die beste Tochter! Wie ein nichtswürdiger Bankerottierer steh ich vor dem Angesicht der Welt, einen braven Mann, der in die Stelle dieses Invaliden treten könne, war ich ihr schuldig, mit einem Schelm hab ich sie betrogen. Werde du ein Weib, wie deine Mutter war, dann wird man sprechen: An den Eltern hat's nicht gelegen, dass der Bube abseits ging, denn die Tochter wandelt den rechten Weg und ist allen andern voraus. *(Mit schrecklicher Kälte.)*

---

[1] Lehrer, der zugleich den musikalischen Teil des Gottesdienstes ausrichtet
[2] zuerst den Sohn umbringen, dann sich selbst

Und ich will das Meinige dazu tun, ich will dir die Sache leichter machen als den Übrigen. In dem Augenblick, wo ich bemerke, dass man auch auf dich mit Fingern zeigt, werd ich – *(mit einer Bewegung an den Hals)* mich rasieren, und dann, *das*
5 *schwör ich dir zu,* rasier ich den ganzen Kerl weg, du kannst sagen, es sei aus Schreck geschehen, weil auf der Straße ein Pferd durchging oder weil die Katze auf dem Boden einen Stuhl umwarf oder weil mir eine Maus an den Beinen hinauflief. Wer mich kennt, wird freilich den Kopf dazu schütteln,
10 denn ich bin nicht sonderlich schreckhaft, aber was tut's? Ich kann's in einer Welt nicht aushalten, wo die Leute mitleidig sein müssten, wenn sie nicht vor mir ausspucken sollen.

Klara. Barmherziger Gott, was soll ich tun!

Meister Anton. Nichts, nichts, liebes Kind, ich bin zu hart gegen
15 dich, ich fühl's wohl, nichts, bleib nur, was du bist, dann ist's gut! O, ich hab so groß Unrecht gelitten, dass ich Unrecht tun muss, um nicht zu erliegen, wenn's mich so recht anfasst. Sieh, ich gehe vorhin über die Straße, da kommt der Pocken-Fritz daher, der Gaudieb[1], den ich vor Jahren ins Loch[2] stecken
20 ließ, weil er zum dritten Mal lange Finger bei mir gemacht[3] hatte. Früher wagte der Halunke nicht, mich anzusehen, jetzt trat er frech auf mich zu und reichte mir die Hand. Ich wollte ihm einen hinter die Ohren geben, aber ich besann mich und spuckte nicht einmal aus, wir sind ja Vettern seit acht Tagen,
25 und es ist billig, dass Verwandte sich grüßen. Der Pfarrer, der mitleidige Mann, der mich gestern besuchte, meinte zwar, ein Mensch habe niemanden zu vertreten als sich selbst und es sei ein unchristlicher Hochmut von mir, dass ich auch noch für meinen Sohn aufkommen wolle; sonst müsste Adam es sich
30 so gut zu Gemüte ziehen wie ich. Herr, ich glaub's gern, dass es den Frieden des Erzvaters[4] im Paradiese nicht mehr stört, wenn einer seiner Ururenkel zu morden oder zu rauben

---

[1] veraltet für ‚Gauner'
[2] hier: Gefängnis
[3] gestohlen
[4] Adams (vgl. 1. Mose 2ff.)

anfängt, aber raufte er sich nicht die Haare über Kain[1]? Nein,
nein, es ist zu viel! Ich könnte mich zuweilen nach meinem
Schatten umsehen, ob er nicht schwärzer geworden ist! Denn
alles, alles kann ich ertragen und hab's bewiesen, nur nicht die
5 Schande! Legt mir auf den *Nacken*, was ihr wollt, nur schneidet
nicht den *Nerv* durch, der mich zusammenhält!

Klara. Vater, noch hat Karl ja nichts gestanden, und sie haben
auch nichts bei ihm gefunden.

Meister Anton. Was soll mir das? Ich bin in der Stadt herumge-
10 gangen und habe mich in den Schenken nach seinen Schulden erkundigt, da kam mehr zusammen, als er im nächsten
Vierteljahr bei mir verdient hätte, und wenn er noch dreimal
so fleißig wäre, als er ist. Nun weiß ich, warum er immer zwei
Stunden später Feierabend machte als ich und warum er trotz-
15 dem auch noch vor mir aufstand, aber er sah ein, dass dies alles doch nichts half, oder es war ihm zu mühevoll und dauerte
ihm zu lange, da griff er zu, als die Gelegenheit sich bot.

Klara. Er glaubt von Karl immer das Schlimmste, Er hat es stets
getan! Weiß Er wohl noch, wie –

20 **Meister Anton.** Du sprichst, wie deine Mutter sprechen würde,
ich will dir antworten, wie ich ihr zu antworten pflegte, ich will
stillschweigen!

Klara. Und wenn Karl doch freigesprochen wird? Wenn die Juwelen sich wiederfinden?

25 **Meister Anton.** Dann würd ich einen Advokaten annehmen
und mein letztes Hemd daran setzen, um zu erfahren, ob
der Bürgermeister den Sohn eines ehrlichen Mannes mit
Recht ins Gefängnis warf oder nicht. Wär es, so würd ich
mich beugen, denn was jedem widerfahren kann, das muss
30 auch ich mir gefallen lassen, und musste ich es zu meinem
Unglück auch tausendmal teurer bezahlen als andere, es war
ein Schicksal, und wenn Gott mich schlägt, so falte ich die

---

[1] nach biblischer Darstellung der erste Sohn von Adam und Eva, der aus
Neid seinen jüngeren Bruder Abel erschlug und somit zum ersten Mörder in der Geschichte der Menschheit wurde. Kain wurde von Gott verstoßen und mit dem „Kainsmal" als Zeichen für seine Tat versehen.

Hände und sprechе: Herr, du weißt warum! Wär es aber
nicht, hätte der Mann mit der goldenen Kette[1] um den Hals
sich übereilt, weil er an nichts dachte als daran, dass der
Kaufmann, der die Juwelen vermisst, sein Schwager ist, so
würde sich's finden, ob das Gesetzbuch ein Loch hat, und ob
der König, der wohl weiß, dass er seinen Untertanen ihre
Treu und ihren Gehorsam mit Gerechtigkeit bezahlen muss,
und der dem Geringsten unter ihnen gewiss am wenigsten
etwas schuldig bleiben will, dies Loch ungestopft ließe. Aber,
das sind unnütze Reden! Der Junge wird so wenig rein aus
diesem Prozess hervorgehen wie deine Mutter lebendig aus
ihrer Gruft. Von dem kommt mir nun und nimmer ein Trost,
darum vergiss du nicht, was du mir schuldig bist, halte du
deinen Schwur, damit ich den meinigen nicht zu halten
brauche! *(Er geht, kehrt aber wieder um.)* Ich komme heut
Abend erst spät zu Hause, ich gehe zu dem alten Holzhändler ins Gebirge. Das ist der einzige Mann, der mir noch wie
sonst in die Augen sieht, weil er noch nicht von meiner
Schande weiß. Er ist taub, keiner kann ihm was erzählen,
ohne sich heiser zu schreien, und auch dann hört er alles
verkehrt, darum erfährt er nichts. *(Ab.)*

Zweite Szene

Klara *(allein)*. O Gott, o Gott! Erbarme dich! Erbarme dich über
den alten Mann! Nimm mich zu dir! Ihm ist nicht anders zu
helfen! Sieh, der Sonnenschein liegt so goldig auf der Straße,
dass die Kinder mit Händen nach ihm greifen, die Vögel fliegen hin und her, Blumen und Kräuter werden nicht müde, in
die Höhe zu wachsen. Alles lebt, alles will leben, tausend Kran-
ke zittern in dieser Stunde vor dir, o Tod, wer dich in der be-
klommenen Nacht noch rief, weil er seine Schmerzen nicht
mehr ertragen konnte, der findet sein Lager jetzt wieder sanft
und weich, ich rufe dich! Verschone den, dessen Seele sich am

---

[1] der Bürgermeister mit der Amtskette

tiefsten vor dir wegkrümmt, lass ihm so lange Frist, bis die
schöne Welt wieder grau und öde wird, nimm mich für ihn!
Ich will nicht schaudern, wenn du mir deine kalte Hand
reichst, ich will sie mutig fassen und dir freudiger folgen, als
5   dir noch je ein Menschenkind gefolgt ist.

Dritte Szene

10   **Der Kaufmann Wolfram** *(tritt ein)*. Guten Tag, Jungfer Klara, ist
Ihr Vater nicht zu Hause?
Klara. Er ist eben fortgegangen.
Wolfram. Ich komme – meine Juwelen haben sich wieder gefunden.
Klara. O Vater, wärst du da! Er hat seine Brille vergessen, dort liegt
15   sie! Dass er's bemerkte und umkehrte! Wie denn? – Wo? – Bei
wem?
Wolfram. Meine Frau – Sag' Sie mir aufrichtig, Jungfer, hat Sie
nicht auch schon etwas Wunderliches über meine Frau gehört?
Klara. Ja!
20   **Wolfram.** Dass sie – *(Er deutet auf die Stirn.)* Nicht wahr?
Klara. Dass sie nicht recht bei sich ist, freilich!
Wolfram *(ausbrechend)*. Mein Gott! Mein Gott! Alles umsonst!
Keinen Dienstboten, den ich einmal in mein Haus nahm, hab
ich wieder von mir gelassen, jedem habe ich doppelten Lohn
25   gegeben und zu allen Nachlässigkeiten die Augen zugedrückt,
um mir ihr Stillschweigen zu erkaufen, dennoch – die falschen, undankbaren Kreaturen! O meine armen Kinder! Bloß
euretwegen suchte ich's zu verbergen!
Klara. Schelt' Er Seine Leute nicht! Die sind gewiss unschuldig!
30   Seit das Nachbarhaus abbrannte und Seine Frau aus dem geöffneten Fenster dazu lachte und in die Hände klatschte, ja
sogar mit vollen Backen ins Feuer hinüberblies, als wollte sie
es noch mehr anfachen, seitdem hat man nur die Wahl, ob
man sie für einen Teufel oder für eine Verrückte halten wollte.
35   Und das haben Hunderte gesehen.
Wolfram. Es ist wahr. Nun, da die ganze Stadt mein Unglück
kennt, so wäre es töricht, wenn ich Ihr das Versprechen abfor-

dern wollte, es zu verschweigen. Höre Sie denn! Den Dieb-
stahl, wegen dessen Ihr Bruder im Gefängnis sitzt, hat der
Wahnsinn begangen!

Klara. Seine eigne Frau –

5 **Wolfram.** Dass sie, die früher die edelste, mitleidigste Seele von
der Welt war, boshaft und schadenfroh geworden ist, dass sie
jauchzt und jubelt, wenn vor ihren Augen ein Unglück geschieht, wenn die Magd ein Glas zerbricht oder sich in den
Finger schneidet, wusste ich längst; dass sie aber auch Sachen
10 im Hause auf die Seite bringt, Geld versteckt, Papiere zerreißt,
das habe ich leider zu spät erfahren, erst heute Mittag. Ich hatte mich aufs Bett gelegt und wollte eben einschlafen, da bemerkte ich, dass sie sich mir leise näherte und mich scharf
betrachtete, ob ich schon schliefe. Ich schloss die Augen fester,
15 da nahm sie aus meiner über den Stuhl gehängten Weste den
Schlüssel, öffnete den Sekretär, griff nach einer Goldrolle,
schloss wieder zu und trug den Schlüssel zurück. Ich entsetzte
mich, doch ich hielt an mich, um sie nicht zu stören, sie verließ das Zimmer, ich schlich ihr auf den Zehen nach. Sie stieg
20 zum obersten Boden hinauf und warf die Goldrolle in eine alte
Kiste hinein, die noch vom Großvater her leer dasteht, dann
sah sie sich scheu nach allen Seiten um und eilte, ohne mich
zu bemerken, wieder fort. Ich zündete einen Wachsstock[1] an
und durchsuchte die Kiste, da fand ich die Spielpuppe meiner
25 jüngsten Tochter, ein Paar Pantoffeln der Magd, ein Hand-
lungsbuch[2], Briefe und leider, oder gottlob, wie soll ich sagen,
ganz unten auch die Juwelen!

Klara. O meine arme Mutter! Es ist doch zu schändlich!

Wolfram. Gott weiß, ich würde den Schmuck darum geben, könnt
30 ich ungeschehen machen, was geschehen ist! Aber nicht ich
bin schuld! Dass mein Verdacht, bei aller Achtung vor Ihrem
Vater, auf Ihren Bruder fiel, war natürlich, er hatte den Sekretär
poliert und mit ihm waren die Juwelen verschwunden, ich bemerkte es fast augenblicklich, denn ich musste aus dem Fach,

---

[1] langer, mit Wachs überzogener Faden, der rollenförmig aufgewickelt ist
[2] Buch, in dem die Geschäftsvorgänge aufgezeichnet sind

worin sie lagen, Papiere herausnehmen. Doch es fiel mir nicht
ein, gleich strenge Maßregeln gegen ihn zu ergreifen, ich teilte
die Sache nur vorläufig dem Gerichtsdiener Adam mit und er-
suchte ihn, ganz in der Stille Nachforschungen anzustellen,
5 aber dieser wollte von keiner Schonung wissen, er erklärte mir,
er müsse und werde den Fall auf der Stelle anzeigen, denn Ihr
Bruder sei ein Säufer und Schuldenmacher und er gilt bei dem
Bürgermeister leider so viel, dass er durchsetzen kann, was er
will. Der Mann scheint bis aufs Äußerste gegen Ihren Vater
10 aufgebracht zu sein, ich weiß nicht, warum, es war nicht möglich, ihn zu beschwichtigen, er hielt sich die Ohren zu und rief,
als er fortrannte: „Wenn Er mir den Schmuck geschenkt hätte,
ich wäre nicht so vergnügt, wie jetzt!"

Klara. Der Gerichtsdiener hat im Wirtshaus einmal sein Glas neben
15 das meines Vaters auf den Tisch gestellt und ihm dabei zuge-
nickt, als ob er ihn zum Anstoßen auffordern wolle. Da hat mein
Vater das seinige weggenommen und gesagt: „Leute im roten
Rock mit blauen Aufschlägen mussten ehemals aus Gläsern mit
hölzernen Füßen trinken, auch mussten sie draußen vor dem
20 Fenster, oder, wenn's regnete, vor der Tür stehen bleiben und
bescheiden den Hut abziehen, wenn der Wirt ihnen den Trunk
reichte; wenn sie aber ein Gelüsten trugen, mit jemanden anzu-
stoßen, so warteten sie, bis der Gevatter[1] Fallmeister[2] vorüber-
kam." Gott! Gott! Was ist alles möglich auf der Welt! Das hat
25 meine Mutter mit einem jähen Tode bezahlen müssen!

Wolfram. Man soll keinen reizen und die Schlimmsten am wenigsten! Wo ist Ihr Vater?

Klara. Im Gebirg beim Holzhändler.

Wolfram. Ich reite hinaus und such ihn auf. Beim Bürgermeister
30 war ich schon, leider traf ich ihn nicht daheim, sonst würde Ihr
Bruder schon hier sein, aber der Sekretär hat sogleich einen
Boten abgefertigt, Sie wird ihn noch vor Abend sehen. *(Ab.)*

---

[1] hier: vertrauliche Anrede unter Bekannten
[2] veraltet für: Abdecker; Person, die sich gewerbsmäßig mit der Beseiti-
gung von Tierkadavern befasste

Vierte Szene

Klara *(allein).* Nun sollt' ich mich freuen! Gott, Gott! Und ich kann nichts denken, als: Nun bist du's allein![1] Und doch ist mir zumut, als müsse mir gleich etwas einfallen, das alles wieder gut macht!

Fünfte Szene

5 **Der Sekretär** *(tritt ein).* Guten Tag!
Klara *(hält sich an einem Stuhl, als sollte sie umfallen).* Der! O, wenn der nicht zurückgekommen wäre –
Sekretär. Der Vater ist nicht zu Hause?
Klara. Nein!
10 **Sekretär.** Ich bringe eine fröhliche Botschaft. Ihr Bruder – Nein, Klara, ich kann in diesem Ton nicht mit dir reden, mir deucht, Tische, Stühle, Schränke, all die alten Bekannten – Guten Tag, du! *(Er nickt einem Schrank zu.)* Wie geht's? Du hast dich nicht verändert! – um die wir als Kinder so oft herumgehüpft sind,
15 werden die Köpfe zusammenstecken und den Narren ausspotten, wenn ich nicht schnell einen anderen anschlage. Ich muss du zu dir sagen, wie ehemals, wenn's dir nicht gefällt, so denke: Der große Junge träumt, ich will ihn aufwecken und vor ihn hintreten und mich *(mit Gebärden)* hoch aufrichten,
20 damit er sieht, dass er kein kleines Kind mehr vor sich hat – das war dein Maß im elften Jahr! *(er deutet auf einen Schramm-strich in der Tür)* –, sondern ein gehörig erwachsenes Mädchen, das den Zucker auch dann erreichen kann, wenn er auf den Schrank gestellt wird. Du weißt doch noch? Das war der Platz,
25 die feste Burg, wo er auch unverschlossen vor uns sicher war. Wir vertrieben uns, wenn er dort stand, die Zeit gewöhnlich mit Fliegenklatschen, weil wir den Fliegen, die lustig ab- und zuflogen, das unmöglich gönnen konnten, was wir selbst nicht zu erlangen wussten.

---

1 zu ergänzen: die dem Vater Schande macht

Klara. Ich dächte, man vergäße solche Dinge, wenn man hundertundtausend Bücher durchstudieren müsste.

Sekretär. Man vergisst's auch! Freilich, was vergisst man nicht über Justinian[1] und Gajus[2]! Die Knaben, die sich so hartnäckig gegen das Abc wehren, wissen wohl, warum; sie haben eine Ahnung davon, dass, wenn sie sich nur mit der Fibel[3] nicht einlassen, sie mit der Bibel nie Händel bekommen können! Aber schändlich genug, man verführt die unschuldigen Seelen, man zeigt ihnen hinten den roten Hahn mit dem Korb voll Eier[4], da sagen sie von selbst: Ah! Und nun ist kein Haltens mehr, nun geht's reißend schnell bergunter bis zum Z, und so weiter und weiter, bis sie auf einmal mitten im Corpus juris sind und mit Grausen innewerden, in welche Wildnis die verfluchten 24 Buchstaben, die sich anfangs im lustigen Tanz nur zu wohlschmeckenden und wohlriechenden Worten, wie Kirsche und Rose, zusammenstellen, sie hineingelockt haben!

Klara. Und wie wird's dann gemacht? *(Abwesend, ohne allen Anteil.)*

Sekretär. Darin sind die Temperamente verschieden. Einige arbeiten sich durch. Die kommen gewöhnlich in drei bis vier Jahren wieder ans Tagslicht, sind dann aber etwas mager und blass, das muss man ihnen nicht übel nehmen. Zu diesen gehöre ich. Andere legen sich in der Mitte des Waldes nieder, sie wollen bloß ausruhen, aber sie stehen selten wieder auf. Ich habe selbst einen Bekannten, der nun schon drei Jahre im Schatten der Lex Julia[5] sein Bier trinkt, er hat sich den Platz des Namens wegen ausgesucht, der ruft ihm angenehme Erinnerungen zu-

---

[1] byzantinischer Kaiser (527–565), der dem Rechtsleben durch seine Sammlung römischer Rechtsquellen und Aufzeichnungen des gesamten römischen Rechts eine feste Grundlage gab

[2] römischer Jurist (117–180), veröffentlichte um 161 ein Lehrbuch *Institutionum commentarii IV* für Privat- und Prozessrecht, das die Grundlage für *Institutionen* Justinians bildete

[3] Lesebuch der Erstklässler

[4] Eine Fibel mit einem Eier legenden Hahn war in Hebbels Jugend in Schleswig-Holstein verbreitet.

[5] ironische Anspielung auf ein Ehegesetz aus dem Jahre 18 v. Chr., das Verheirateten mit Kindern Vorteile sichert

rück. Noch andere werden desparat[1] und kehren um. Die sind
die Dümmsten, denn man lässt sie nur unter der Bedingung
aus dem einen Dickicht heraus, dass sie sich spornstreichs[2]
wieder in ein anderes hineinbegeben. Und da gibt's einige, die
noch schrecklicher sind, die gar kein Ende haben! *(Für sich.)*
Was man alles schwätzt, wenn man etwas auf dem Herzen hat
und es nicht herauszubringen weiß!

Klara. Alles ist heute lustig und munter, das macht der schöne
Tag!

Sekretär. Ja, bei solchem Wetter fallen die Eulen aus dem Nest, die
Fledermäuse bringen sich um, weil sie fühlen, dass der Teufel
sie gemacht hat, der Maulwurf bohrt sich so tief in die Erde
ein, dass er den Weg zurück nicht mehr findet und jämmerlich
ersticken muss, wenn er sich nicht bis zur anderen Seite
durchfrisst und in Amerika wieder zum Vorschein kommt.
Heute tut jede Kornähre einen doppelten Schuss und jede
Mohnblume wird noch einmal so rot wie sonst, wenn auch nur
aus Scham, dass sie's noch nicht ist. Soll der Mensch zurück-
bleiben? Soll er den lieben Gott um den einzigen Zins betrü-
gen, den seine Welt ihm abwirft, um ein fröhlich Gesicht und
um ein helles Auge, das all die Herrlichkeit abspiegelt und ver-
klärt zurückgibt? Wahrhaftig, wenn ich des Morgens diesen
oder jenen Hocker aus seiner Tür hervorschleichen sehe, die
Stirn in Falten heraufgezogen und den Himmel anglotzend
wie einen Bogen Löschpapier, dann denk ich oft: Es gibt gleich
Regen, Gott muss, er kann nicht umhin, den Wolkenvorhang
niederlassen, um sich nur über die Fratze nicht zu ärgern.
Man sollte die Kerls als Hintertreiber von Lustpartien, als Ver-
derber des Erntewetters vor Gericht belangen können. Wodurch willst du denn für das Leben danken als dadurch, dass
du lebst? Jauchze, Vogel, sonst verdienst du die Kehle nicht!

Klara. Ach, das ist so wahr, so wahr – ich könnte gleich zu weinen
anfangen!

---

[1] verzweifelt, hoffnungslos
[2] sofort, umgehend

Sekretär. Es ist nicht gegen dich gesagt, dass du seit acht Tagen schwerer atmest, wie sonst, begreif ich wohl, ich kenne deinen Alten. Aber gottlob, ich kann deine Brust wieder frei machen, und eben darum bin ich hier. Du wirst deinen Bruder noch
5 heut Abend wiedersehen, und nicht auf ihn, sondern auf die Leute, die ihn ins Gefängnis geworfen haben, wird man mit Fingern zeigen. Verdient das einen Kuss, einen schwesterlichen, wenn's denn kein anderer sein darf? Oder wollen wir Blindekuh darum spielen? Wenn ich dich nicht in zehn Minu-
10 ten hasche, so geh ich leer aus und bekomm noch einen Backenstreich obendrein.

Klara *(für sich).* Mir ist, als wär ich auf einmal tausend Jahr alt geworden und nun stünde die Zeit über mir still, ich kann nicht zurück und auch nicht vorwärts. O, dieser festgenagelte
15 Sonnenschein und all die Heiterkeit um mich her!

Sekretär. Du antwortest mir nicht. Freilich, das vergaß ich, du bist Braut! O Mädchen, warum hast du mir das getan! Und doch – habe ich ein Recht, mich zu beklagen? Sie ist, wie alles Liebe und Gute, alles Liebe und Gute hätte mich an sie erinnern
20 sollen, dennoch war sie jahrelang für mich wie nicht mehr in der Welt. Dafür hat sie – Wär's nur wenigstens ein Kerl, vor dem man die Augen niederschlagen müsste! Aber dieser Leonhard –

Klara *(plötzlich, wie sie den Namen hört).* Ich muss zu ihm – Das
25 ist's ja, ich bin nicht mehr die Schwester eines Diebes – o Gott, was will ich denn noch? Leonhard wird und muss[1] – Er braucht ja bloß kein Teufel zu sein, und alles ist, wie vorher! *(Schaudernd.)* Wie vorher! *(Zum Sekretär.)* Nimm's nicht übel, Friedrich! – Warum werden mir die Beine auf einmal so schwer?

30 **Sekretär.** Du willst –

Klara. Zu Leonhard, wohin denn sonst! Nur den einen Weg hab ich auf dieser Welt noch zu machen!

Sekretär. So liebst du ihn? Dann –

Klara *(wild).* Lieben? Er oder der Tod! Wundert's wen, dass ich ihn
35 wähle? Ich tät's nicht, dächt ich an mich allein!

---

[1] zu ergänzen: mich heiraten

Sekretär. Er oder der Tod? Mädchen, so spricht die Verzweiflung, oder –

Klara. Mach mich nicht rasend! Nenne das Wort nicht mehr! Dich! Dich! Lieb ich! Da! Da! Ich ruf's dir zu, als ob ich schon
5   jenseits des Grabes wandelte, wo niemand mehr rot wird, wo sie alle nackt und frierend aneinander vorbeischleichen, weil Gottes furchtbar heilige Nächte in jedem den Gedanken an die anderen bis auf die Wurzel weggezehrt hat!

Sekretär. Mich? Noch immer mich? Klara, ich hab's geahnt, als ich
10   dich draußen im Garten sah!

Klara. Hast du? O, der andre auch! *(Dumpf, als ob sie allein wäre.)* Und er trat vor mich hin! Er oder ich! O, mein Herz, mein verfluchtes Herz! Um ihm, um mir selbst zu beweisen, dass es nicht so sei, oder um's zu ersticken, wenn's so wäre, tat ich,
15   was mich jetzt – *(In Tränen ausbrechend.)* Gott im Himmel, ich würde mich erbarmen, wenn ich du wäre, und du ich!

Sekretär. Klara, werde mein Weib! Ich kam zu dir, um dir noch einmal auf die alte Weise ins Auge zu sehen. Hättest du den Blick nicht verstanden, ich würde mich, ohne zu reden, wieder
20   entfernt haben. Jetzt biet ich dir alles an, was ich bin, und was ich habe. Es ist wenig, aber es kann mehr werden. Längst wäre ich hier gewesen, doch deine Mutter war krank, dann starb sie.

Klara *(lacht wahnsinnig)*.

Sekretär. Fasse Mut, Mädchen. Der Mensch hat dein Wort. Das
25   ängstigt dich. Und freilich ist's verflucht. Wie konntest du –

Klara. O frag noch, was alles zusammenkommt, um ein armes Mädchen verrückt zu machen. Spott und Hohn von allen Seiten, als du auf die Akademie gezogen warst und nichts mehr von dir hören ließest. Die denkt noch an den! – Die glaubt,
30   dass Kindereien ernsthaft gemeint waren! – Erhält sie Briefe? – Und dann die Mutter! Halte dich zu deinesgleichen! Hochmut tut nimmer gut! Der Leonhard ist doch recht brav, alle wundern sich, dass du ihn über die Achsel ansiehst. Dazu mein eignes Herz. Hat er dich vergessen, zeig ihm, dass auch
35   du – o Gott!

Sekretär. Ich bin schuld. Ich fühl's. Nun, was schwer ist, ist darum nicht unmöglich. Ich schaff dir dein Wort zurück. Vielleicht –

Klara. O, mein Wort – da! *(Sie wirft ihm Leonhards Brief hin.)*

Sekretär *(liest)*. Ich als Kassierer – Dein Bruder – Dieb – sehr leid
– aber ich kann nicht umhin, aus Rücksicht auf mein Amt – –
(zu Klara.) Das schrieb er dir denselben Tag, wo deine Mutter
5 starb? Er bezeugt dir ja zugleich sein Beileid über den jähen
Tod!

Klara. Ich glaube, ja!

Sekretär. Dass dich! Lieber Gott, die Katzen, Schlangen und sons-
tigen Scheusale, die dir bei der Schöpfung so zwischen den
10 Fingern durchgeschlüpft sind, haben Beelzebubs[1] Wohlgefal-
len erregt, er hat sie dir nachgemacht, aber er hat sie besser
herausgeputzt, wie du, er hat sie in Menschenhaut gesteckt,
und nun stehen sie mit deinen Menschen in Reih und Glied,
und man erkennt sie erst, wenn sie kratzen und stechen! *(Zu
15 Klara.)* Aber es ist ja gut, es ist ja vortrefflich! *(Er will sie umarmen.)* Komm! Für ewig! Mit diesem Kuss –

Klara *(sinkt an ihn)*. Nein, nicht für ewig, nur dass ich nicht um-
falle, aber keinen Kuss!

Sekretär. Mädchen, du liebst ihn nicht, du hast dein Wort zurück –
20 **Klara** *(dumpf, sich wieder aufrichtend)*. Und ich muss doch zu ihm,
ich muss mich auf Knien vor ihm niederwerfen und stam-
meln: sieh die weißen Haare meines Vaters an, nimm mich!

Sekretär. Unglückliche, verstehe ich dich?

Klara. Ja!

25 **Sekretär.** Darüber kann kein Mann weg! Vor dem Kerl, dem man
ins Gesicht spucken möchte, die Augen niederschlagen müssen? *(Er presst Klara wild an sich.)* Ärmste! Ärmste!

Klara. Geh nun, geh!

Sekretär *(für sich, brütend)*. Oder man müsste den Hund, der's
30 weiß, aus der Welt wegschießen! Dass er Mut hätte! Dass er
sich stellte! Dass man ihn zwingen könnte! Ums Treffen wär
mir nicht bange!

Klara. Ich bitte dich!

Sekretär *(indem er geht)*. Wenn's dunkel wird! *(Er kehrt wieder um
35 und fasst Klaras Hand.)* Mädchen, du stehst vor mir – – *(Er*

---

[1] des Teufels

wendet sich ab.) Tausende ihres Geschlechts hätten's klug und
listig verschwiegen, und es erst dem Mann in einer Stunde
süßer Vergessenheit in Ohr und Seele geschmeichelt! Ich
fühle, was ich dir schuldig bin! *(Ab.)*

Sechste Szene

⁵ **Klara** *(allein).* Zu! Zu, mein Herz! Quetsch dich in dich ein, dass
auch kein Blutstropfen mehr heraus kann, der in den Adern
das gefrierende Leben wieder entzünden will. Da hatte sich
wieder was wie eine Hoffnung in dir aufgetan! Jetzt erst merk
ich's! Ich dachte – *(Lächelnd.)* Nein, darüber kann kein Mann
¹⁰ weg! Und wenn – Könntest du selbst darüber hinweg? Hättest
du den Mut, eine Hand zu fassen, die – Nein, nein, diesen
schlechten Mut hättest du nicht! Du müsstest dich selbst ein-
riegeln in deine Hölle, wenn man dir von außen die Tore öffnen wollte – du bist für ewig – O, dass das aussetzt, dass das
¹⁵ nicht immer so fortbohrt, dass zuweilen ein Aufhören ist! Nur
darum dauert's lange! Der Gequälte glaubt auszuruhen, weil
der Quäler einhalten muss, um Odem[1] zu schöpfen; es ist ein
Aufatmen wie des Ertrinkenden auf den Wellen, wenn der
Strudel, der ihn hinunterzieht, ihn noch einmal wieder aus-
²⁰ speit, um ihn gleich wieder aufs Neue zu fassen, er hat nichts
davon als den zweifachen Todeskampf!
Nun, Klara? Ja, Vater, ich gehe, ich gehe! Deine Tochter wird
dich nicht zum Selbstmord treiben! Ich bin bald das Weib des
Menschen, oder – Gott, nein! Ich bettle ja nicht um ein Glück,
²⁵ ich bettle um mein Elend, um mein tiefstes Elend – mein
Elend wirst du mir geben! Fort – wo ist der Brief? *(Sie nimmt
ihn.)* Drei Brunnen triffst du auf dem Weg zu ihm – Dass du
mir an keinem stehen bleibst! Noch hast du nicht das Recht
dazu[2]! *(Ab.)*

---

[1] Atem
[2] das Recht zum Selbstmord

Dritter Akt

Zimmer bei Leonhard.

Erste Szene

Leonhard *(an einem Tisch mit Akten, schreibend).* Das wäre nun
der sechste Bogen nach Tisch! Wie fühlt sich der Mensch,
wenn er seine Pflicht tut! Jetzt könnte mir in die Tür treten,
wer wollte, und wenn's der König wäre – ich würde aufstehen,
5 aber ich würde nicht in Verlegenheit geraten! Einen nehme
ich aus, das ist der alte Tischler! Aber im Grunde kann auch
der mir wenig machen! Die arme Klara! Sie dauert mich, ich
kann nicht ohne Unruhe an sie denken! Dass der eine ver-
fluchte Abend nicht wäre! Es war in mir wirklich mehr die
10 Eifersucht als die Liebe, die mich zum Rasen brachte, und sie
ergab sich gewiss nur darein, um meine Vorwürfe zu widerle-
gen, denn sie war kalt gegen mich wie der Tod. Ihr stehen
böse Tage bevor, nun, auch ich werde noch viel Verdruss haben! Trage jeder das Seinige! Vor allen Dingen die Sache mit
15 dem kleinen Buckel[1] nur recht fest gemacht, damit die mir
nicht entgeht, wenn das Gewitter ausbricht! Dann hab ich den
Bürgermeister auf meiner Seite und brauche vor nichts bange
zu sein!

Zweite Szene

Klara *(tritt ein).* Guten Abend, Leonhard!
20 **Leonhard.** Klara? *(Für sich.)* Das hätt ich nun nicht mehr erwartet!
(Laut.) Hast du meinen Brief nicht erhalten? Doch – Du
kommst vielleicht für deinen Vater und willst die Steuer bezahlen! Wie viel ist es nur? *(In einem Journal[2] blätternd.)* Ich
sollte es eigentlich aus dem Kopf wissen!

---

[1] mit der Tochter des Bürgermeisters
[2] hier: Rechnungsbuch

Klara. Ich komme, um dir deinen Brief zurückzugeben. Hier ist er! Lies ihn noch einmal!

Leonhard *(liest mit großem Ernst)*. Es ist ein ganz vernünftiger Brief! Wie kann ein Mann, dem die öffentlichen Gelder anver-
5 traut sind, in eine Familie heiraten, zu der *(er verschluckt das Wort)* zu der dein Bruder gehört?

Klara. Leonhard!

Leonhard. Aber vielleicht hat die ganze Stadt Unrecht? Dein Bruder sitzt nicht im Gefängnis? Er hat nie im Gefängnis geses-
10 sen? Du bist nicht die Schwester eines – deines Bruders?

Klara. Leonhard, ich bin die Tochter meines Vaters, und nicht als Schwester eines unschuldig Verklagten, der schon wieder freigesprochen ist, denn das ist mein Bruder, der nicht als Mädchen, das vor unverdienter Schande zittert, denn *(halblaut)* ich
15 zittre noch mehr vor dir, nur als Tochter des alten Mannes, der mir das Leben gegeben hat, stehe ich hier!

Leonhard. Und du willst?

Klara. Du kannst fragen? O, dass ich wieder gehen dürfte! Mein Vater schneidet sich die Kehle ab, wenn ich – heirate mich!

20 **Leonhard.** Dein Vater –

Klara. Er hat's geschworen! Heirate mich!

Leonhard. Hand und Hals sind nahe Vettern. Sie tun einander nichts zuleide! Mach dir keine Gedanken!

Klara. Er hat's geschworen – heirate mich, nachher bring mich
25 um, ich will dir für das eine noch dankbarer sein, wie für das andere!

Leonhard. Liebst du mich? Kommst du, weil dich dein Herz treibt? Bin ich der Mensch, ohne den du nicht leben und sterben kannst?

30 **Klara.** Antworte dir selbst!

Leonhard. Kannst du schwören, dass du mich liebst? Dass du mich so liebst, wie ein Mädchen den Mann lieben muss, der sich auf ewig mit ihr verbinden soll?

Klara. Nein, das kann ich nicht schwören! Aber dies kann ich
35 schwören: ob ich dich liebe, ob ich dich nicht liebe, nie sollst du's erfahren! Ich will dir dienen, ich will für dich arbeiten, und zu essen sollst du mir nichts geben, ich will mich selbst

ernähren, ich will bei Nachtzeit nähen und spinnen für andere
Leute, ich will hungern, wenn ich nichts zu tun habe, ich will
lieber in meinen eignen Arm hineinbeißen, als zu meinem
Vater gehen, damit er nichts merkt. Wenn du mich schlägst,
weil dein Hund nicht bei der Hand ist, oder weil du ihn abge-
schafft hast, so will ich eher meine Zunge verschlucken, als ein
Geschrei ausstoßen, das den Nachbarn verraten könnte, was
vorfällt. Ich kann nicht versprechen, dass meine Haut die
Striemen deiner Geißel[1] nicht zeigen soll, denn das hängt
nicht von mir ab, aber ich will lügen, ich will sagen, dass ich
mit dem Kopf gegen den Schrank gefahren oder dass ich auf
dem Estrich[2], weil er zu glatt war, ausgeglitten bin, ich will's
tun, bevor noch einer fragen kann, woher die blauen Flecke
rühren. Heirate mich – ich lebe nicht lange. Und wenn's dir
doch zu lange dauert und du die Kosten der Scheidung nicht
aufwenden magst, um von mir loszukommen, so kauf Gift aus
der Apotheke und stell's hin, als ob's für deine Ratten wäre, ich
will's, ohne dass du auch nur zu winken brauchst, nehmen
und im Sterben zu den Nachbaren sagen, ich hätt's für zersto-
ßenen Zucker gehalten!

Leonhard. Ein Mensch, von dem du dies alles erwartest, überrascht dich doch nicht, wenn er Nein sagt?

Klara. So schaue Gott mich nicht zu schrecklich an, wenn ich
komme, ehe er mich gerufen hat! Wär's um mich allein – ich
wollt's ja tragen, ich wollt's geduldig hinnehmen, als verdiente
Strafe für, ich weiß nicht was, wenn die Welt mich in meinem
Elend mit Füßen träte, statt mir beizustehen, ich wollte mein
Kind, und wenn's auch die Züge dieses Menschen trüge, lieben, ach, und ich wollte vor der armen Unschuld so viel weinen, dass es, wenn's älter und klüger würde, seine Mutter gewiss nicht verachten, noch ihr fluchen sollte. Aber ich bin's
nicht allein, und leichter find ich am Jüngsten Tag noch eine
Antwort auf des Richters Frage: Warum hast du dich selbst

---

[1] Stab mit einer Schnur, zunächst zum Antreiben des Viehs, dann vor
allem zur rituellen Züchtigung
[2] gepflasterter Fußboden

umgebracht?', als auf die: Warum hast du deinen Vater so weit
getrieben?

Leonhard. Du sprichst, als ob du die Erste und die Letzte wärst!
Tausende haben das vor dir durchgemacht, und sie ergaben
5   sich darein, Tausende werden nach dir in den Fall kommen
und sich in ihr Schicksal finden: Sind die alle Nickel[1], dass du
dich für dich allein in die Ecke stellen willst? Die hatten auch
Väter, die ein Schock[2] neue Flüche erfanden, als sie's zuerst
hörten und von Mord und Totschlag sprachen; nachher schäm-
10 ten sie sich und taten Buße für ihre Schwüre und Gottesläste-
rungen, sie setzten sich hin und wiegten das Kind oder wedel-
ten ihm die Fliegen ab!

Klara. O, ich glaub's gern, dass du nicht begreifst, wie irgendeiner
in der Welt seinen Schwur halten sollte!

Dritte Szene

15 **Ein Knabe** *(tritt ein)*. Da sind Blumen! Ich soll nicht sagen, wo-
von.

Leonhard. Ei, die lieben Blumen! *(Schlägt sich vor die Stirn.)* Teufel! Teufel! Das ist dumm! Ich hätte welche schicken sollen!
Wie hilft man sich da heraus? Auf solche Dinge versteh ich
20 mich schlecht und die Kleine nimmt's genau, sie hat an nichts
anderes zu denken! *(Er nimmt die Blumen.)* Alle behalt ich sie
aber nicht! *(Zu Klara.)* Nicht wahr, die da bedeuten Reue und
Scham? Hast du mir das nicht einmal gesagt?

Klara *(nickt)*.

25 **Leonhard** *(zum Knaben)*. Merk dir's Junge, die sind für mich, ich
stecke sie an, siehst du, hier, wo das Herz ist! Diese, die dun-
kelroten, die wie ein düsteres Feuer brennen, trägst du zurück.
Verstehst du? Wenn meine Äpfel reif sind, kannst du dich mel-
den!

30 **Knabe:** Das ist noch lange hin! *(Ab.)*

---

[1]   Schimpfwort (auch in der Bedeutung von ‚Hure')
[2]   60 Stück

Vierte Szene

Leonhard. Ja, siehst du, Klara, du sprachst von Worthalten. Eben
weil ich ein Mann von Wort bin, muss ich dir antworten, wie
ich dir geantwortet habe. Dir schrieb ich vor acht Tagen ab, du
kannst es nicht leugnen, der Brief liegt da. *(Er reicht ihr den*
5 *Brief, sie nimmt ihn mechanisch.)* Ich hatte Grund, dein Bruder
– Du sagst, er ist freigesprochen, es freut mich! In diesen acht
Tagen knüpfte ich ein neues Verhältnis an; ich hatte das Recht[1]
dazu, denn du hast nicht zur rechten Zeit gegen meinen Brief
protestiert, ich war frei in meinem Gefühl wie vor dem Gesetz.
10 Jetzt kommst du, aber ich habe schon ein Wort gegeben und
eins empfangen, ja –*(für sich)* ich wollt', es wär so – die andere
ist schon mit dir in gleichem Fall, du dauerst mich *(er streicht*
ihr die Locken zurück, sie lässt es geschehen, als ob sie es gar nicht
bemerkte), aber du wirst einsehen – mit dem Bürgermeister ist
15 nicht zu spaßen!

Klara *(wie geistesabwesend).* Nicht zu spaßen!

Leonhard. Siehst du, du wirst vernünftig! Und was deinen Vater
betrifft, so kannst du ihm keck ins Gesicht sagen, dass er allein
schuld ist! Starre mich nicht so an, schüttle nicht den Kopf, es
20 ist so, Mädchen, es ist so! Sag's ihm nur, er wird's schon verstehen und in sich gehen, ich bürge dafür! *(Für sich.)* Wer die
Aussteuer seiner Tochter wegschenkt, der muss sich nicht
wundern, dass sie sitzen bleibt. Wenn ich daran denke, so
steift sich mir ordentlich der Rücken und ich könnte wün-
25 schen, der alte Kerl wäre hier, um eine Lektion[2] in Empfang zu
nehmen. Warum muss ich grausam sein? Nur weil er ein Tor
war! Was auch daraus entsteht, er hat's zu verantworten, das ist
klar! *(Zu Klara.)* Oder willst du, dass ich selbst mit ihm rede?
Dir zuliebe will ich ein blaues Auge wagen und zu ihm gehen!

---

[1] Ein Verlöbnis, das nach alter Rechtsauffassung die Festsetzung des Ehe-
vertrags bedeutete, konnte als solches Vertragsverhältnis nur in beider-
seitigem Einvernehmen gelöst werden. Das Schweigen Klaras auf Leonhards Brief bedeutete ihr Einverständnis damit, sodass Leonhard frei
war.

[2] hier: Lehre, derber Verweis

Er kann grob gegen mich werden, er kann mir den Stiefel-
knecht[1] an den Kopf werfen, aber er wird die Wahrheit, trotz
des Bauchgrimmens, das sie ihm verursacht, hinunterknir-
schen und dich in Ruhe lassen müssen. Verlass dich drauf! Ist
5   er zu Hause?
Klara *(richtet sich hoch auf)*. Ich danke dir! *(Will gehen.)*
Leonhard. Soll ich dich hinüber begleiten? Ich habe den Mut!
Klara. Ich danke dir, wie ich einer Schlange danken würde, die
mich umknotet hätte und mich von selbst wieder ließe und
10   fortspränge, weil eine andere Beute sie lockte. Ich weiß, dass
ich gebissen bin, ich weiß, dass sie mich nur lässt, weil es ihr
nicht der Mühe wert scheint, mir das bisschen Mark aus den
Gebeinen zu saugen, aber ich danke dir doch, denn nun hab
ich einen ruhigen Tod. Ja, Mensch, es ist kein Hohn, ich danke
15   dir, mir ist, als hätt ich durch deine Brust bis in den Abgrund
der Hölle hinuntergesehen, und was auch in der furchtbaren
Ewigkeit mein Los sei, mit dir hab ich nichts mehr zu schaffen,
und das ist ein Trost! Und wie der Unglückliche, den ein
Wurm[2] gestochen hat, nicht gescholten wird, wenn er sich in
20   Schauder und Ekel die Adern öffnet, damit das vergiftete Leben schnell ausströmen kann, so wird die ewige Gnade sich
vielleicht auch meiner erbarmen, wenn sie dich ansieht und
mich, was du aus mir gemacht hast, denn warum *könnt* ich's
tun, wenn ich's nimmer, nimmer tun *dürfte*?[3] Nur eins noch:
25   Mein Vater weiß von nichts, er ahnt nichts, und damit er nie
etwas erfährt, geh ich noch heute aus der Welt! Könnt ich denken, dass du – *(Sie tut wild einen Schritt auf ihn zu.)* Doch, das
ist Torheit, dir kann's ja nur willkommen sein, wenn sie alle
stehen und die Köpfe schütteln und sich umsonst fragen, wa-
30   rum das geschehen ist!
Leonhard. Es kommen Fälle vor! Was soll man tun? Klara!
Klara. Fort von hier! Der Mensch kann sprechen! *(Sie will gehen.)*

---

[1] brettartiges Gerät, mit dessen Hilfe sich Stiefel leichter ausziehen lassen
[2] hier in der urspr. Bedeutung: Schlange
[3] Klara glaubt, dass in einer solch ausweglosen Lage Gott selbst ihr die
    Kraft zum Selbstmord gibt, der sonst den Christen als Todsünde gilt.

Leonhard. Meinst du, dass ich's glaube?

Klara. Nein!

Leonhard. Du kannst gottlob nicht Selbstmörderin werden, ohne zugleich Kindesmörderin zu werden!

5 **Klara.** Beides lieber, als Vatermörderin! O ich weiß, dass man Sünde mit Sünde nicht büßt! Aber was ich jetzt tu, das kommt über mich *allein*! Geb ich meinem Vater das Messer in die Hand, so trifft's ihn wie mich! Mich trifft's immer! Dies gibt mir Mut und Kraft in all meiner Angst! Dir wird's wohl gehen

10 auf Erden! *(Ab.)*

Fünfte Szene

Leonhard *(allein).* Ich muss! Ich muss sie heiraten! Und warum muss ich? Sie will einen verrückten Streich begehen, um ihren Vater von einem verrückten Streich abzuhalten; wo liegt die Notwendigkeit, dass ich den ihrigen durch einen noch ver-

15 rückteren verhindern muss? Ich kann sie nicht zugeben, wenigstens nicht eher, als bis ich denjenigen vor mir sehe, der mir wieder durch den allerverrücktesten zuvorkommen will, und wenn der ebenso denkt wie ich, so gibt's kein Ende. Das klingt ganz gescheit, und doch – Ich muss ihr nach! Da kommt

20 jemand! Gott sei Dank, nichts ist schmählicher, als sich mit seinen eigenen Gedanken abzanken zu müssen! Eine Rebellion im Kopf, wo man Wurm um Wurm gebiert, und einer den anderen frisst oder in den Schwanz beißt, ist die schlimmste von allen!

Sechste Szene

25 **Sekretär** *(tritt ein).* Guten Abend!

Leonhard. Herr Sekretär? Was verschafft mir die Ehre –

Sekretär. Du wirst es gleich sehen!

Leonhard. Du? Wir sind freilich Schulkameraden gewesen!

Sekretär. Und werden vielleicht auch Todeskameraden sein!

30 *(Zieht Pistolen hervor.)* Verstehst du damit umzugehen?

Leonhard. Ich begreife Sie nicht!

Sekretär *(spannt eine)*. Siehst du? So wird's gemacht. Dann zielst du auf mich, wie ich jetzt auf dich, und drückst ab! So!

Leonhard. Was reden Sie?

5 **Sekretär.** Einer von uns beiden muss sterben! Sterben! Und das sogleich!

Leonhard. Sterben?

Sekretär. Du weißt, warum!

Leonhard. Bei Gott nicht!

10 **Sekretär.** Tut nichts, es wird dir in der Todesstunde schon einfallen!

Leonhard: Auch keine Ahnung –

Sekretär. Besinne dich! Ich könnte dich sonst für einen tollen Hund halten, der mein Liebstes gebissen hat, ohne selbst et-

15 was davon zu wissen, und dich niederschießen wie einen solchen, da ich dich doch noch eine halbe Stunde lang für meinesgleichen gelten lassen muss!

Leonhard. Sprechen Sie doch nicht so laut! Wenn Sie einer hörte –

Sekretär. Könnte mich einer hören, du hättest ihn längst gerufen!

20 Nun?

Leonhard. Wenn's des Mädchens wegen ist, ich kann sie ja heiraten! Dazu war ich schon halb und halb entschlossen, als sie selber hier war!

Sekretär. Sie war hier, und sie ist wieder gegangen, ohne dich in

25 Reue und Zerknirschung zu ihren Füßen gesehen zu haben? Komm! Komm!

Leonhard. Ich bitte Sie – Sie sehen einen Menschen vor sich, der zu allem bereit ist, was Sie vorschreiben! Noch heut Abend verlobe ich mich mit ihr!

30 **Sekretär.** Das tu ich, oder keiner. Und wenn die Welt daran hinge, nicht den Saum ihres Kleides sollst du wieder berühren! Komm! In den Wald mit mir! Aber wohlgemerkt, ich fass dich unter den Arm, und wenn du unterwegs nur einen Laut von dir gibst, so – *(Er erhebt eine Pistole.)* Du wirst mir's glauben!

35 Ohnehin nehmen wir, damit du nicht in Versuchung kommst, den Weg hinten zum Hause hinaus durch die Gärten!

Leonhard. Eine ist für mich – geben Sie mir die.

Sekretär. Damit du sie wegwerfen und mich zwingen kannst, dich zu morden oder dich laufen zu lassen, nicht wahr? Geduld, bis wir am Platz sind, dann teil ich ehrlich mit dir!

Leonhard *(geht und stößt aus Versehen ein Trinkglas vom Tisch)*. Soll
5   ich nicht wieder trinken?

Sekretär. Courage[1], mein Junge, vielleicht geht's gut, Gott und Teufel scheinen sich ja beständig um die Welt zu schlagen, wer weiß denn, wer gerade Herr ist! *(Fasst ihn unter den Arm. Beide ab.)*

Zimmer im Haus des Tischlers. Abend

Siebente Szene

Karl *(tritt ein)*. Kein Mensch daheim! Wüsst ich das Rattenloch
10   unter der Türschwelle nicht, wo sie den Schlüssel zu verbergen pflegen, wenn sie alle davongehen, ich hätte nicht hinein können. Nun, das hätte nichts gemacht! Ich könnte jetzt zwanzigmal um die Stadt laufen und mir einbilden, es gäbe kein größeres Vergnügen auf der Welt, als die Beine zu brauchen. Wir
15   wollen Licht anzünden! *(Er tut's.)* Das Feuerzeug ist noch auf dem alten Platz, ich wette, denn wir haben hier im Hause zweimal zehn Gebote. Der Hut gehört auf den dritten Nagel, nicht auf den vierten! Um halb zehn Uhr muss man müde sein! Vor Martini[2] darf man nicht frieren, nach Martini nicht
20   schwitzen! Das steht in einer Reihe mit: Du sollst Gott fürchten und lieben! Ich bin durstig! *(Ruft.)* Mutter! Pfui! Als ob ich's vergessen hätte, dass sie da liegt, wo auch des Bierwirts Knecht sein Nussknackermaul nicht mehr mit einem Ja Herr! aufzureißen braucht, wenn er gerufen wird! Ich habe nicht
25   geweint, als ich die Totenglocke in meinem finstern Turmloch hörte, aber – Rotrock[3], du hast mich auf der Kegelbahn nicht den letzten Wurf tun lassen, obgleich ich die Bossel[4] schon in

---

[1]   Mut
[2]   11. November, Fest des heiligen Martin
[3]   der Gerichtsdiener Adam
[4]   Kegelkugel

der Hand hielt, ich lasse dir nicht zum letzten Atemzug Zeit,
wenn ich dich allein treffe, und das kann heut Abend noch
geschehen, ich weiß, wo du um zehn zu finden bist. Nachher
zu Schiff! Wo die Klara bleibt? Ich bin ebenso hungrig als dur-
5 stig! Heut ist Donnerstag, sie haben Kalbfleischsuppe geges-
sen. Wär's Winter, so hätt's Kohl gegeben, vor Fastnacht weißen, nach Fastnacht grünen! Das steht so fest, als dass der
Donnerstag wiederkehren muss, wenn der Mittwoch dagewe-
sen ist, dass er nicht zum Freitag sagen kann: Geh du für mich,
10 ich habe wunde Füße!

Achte Szene

Klara *(tritt ein).*
Karl. Endlich! Du solltest auch nur nicht so viel küssen! Wo sich
vier rote Lippen zusammenbacken, da ist dem Teufel eine Brü-
cke gebaut! Was hast du da?
15 **Klara.** Wo? Was?
Karl. Wo? Was? In der Hand!
Klara. Nichts!
Karl. Nichts? Sind das Geheimnisse? *(Er entreißt ihr Leonhards
Brief.)* Her damit! Wenn der Vater nicht da ist, so ist der Bruder
20 Vormund!
Klara. Den Fetzen hab ich festgehalten, und doch geht der Abend-
wind so stark, dass er die Ziegel von den Dächern wirft. Als ich
an der Kirche vorbeiging, fiel einer dicht vor mir nieder, sodass
ich mir den Fuß daran zerstieß. O Gott, dacht ich, noch einen!
25 und stand still! Das wäre so schön gewesen, man hätte mich
begraben und gesagt: Sie hat ein Unglück gehabt! Ich hoffe
umsonst auf den zweiten!
Karl *(der den Brief gelesen hat).* Donner und – Kerl, den Arm, der
das schrieb, schlag ich dir lahm! Hol mir eine Flasche Wein!
30 Oder ist deine Sparbüchse leer?
Klara. Es ist noch eine im Hause. Ich hatte sie heimlich für den
Geburtstag der Mutter gekauft und beiseite gestellt. Morgen
wäre der Tag – *(Sie wendet sich.)*

Karl. Gib sie her!

Klara *(bringt den Wein).*

Karl *(trinkt hastig).* Nun könnten wir denn wieder anfangen. Hobeln, Sägen, Hämmern, dazwischen Essen, Trinken und
5 Schlafen, damit wir immerfort hobeln, sägen und hämmern
können, sonntags ein Kniefall obendrein: Ich danke dir, Herr,
dass ich hobeln, sägen und hämmern darf! *(Trinkt.)* Es lebe
jeder brave Hund, der an der Kette nicht um sich beißt! *(Er
trinkt wieder.)* Und noch einmal: Er lebe!

10 **Klara.** Karl, trink nicht so viel! Der Vater sagt, im Wein sitzt der
Teufel!

Karl. Und der Priester sagt, im Wein sitzt der liebe Gott. *(Er
trinkt.)* Wir wollen sehen, wer Recht hat! Der Gerichtsdiener
ist hier im Hause gewesen – wie betrug er sich?

15 **Klara.** Wie in einer Diebsherberge. Die Mutter fiel um und war
tot, sobald er nur den Mund aufgetan hatte!

Karl. Gut! Wenn du morgen früh hörst, dass der Kerl erschlagen
gefunden worden ist, so fluche nicht auf den Mörder!

Klara. Karl! Du wirst doch nicht –

20 **Karl.** Bin ich sein einziger Feind? Hat man ihn nicht schon oft
angefallen? Es dürfte schwer halten, aus so vielen, denen das
Stück zuzutrauen wäre, den rechten herauszufinden, wenn
dieser nur nicht Stock oder Hut auf dem Platz zurücklässt. *(Er
trinkt.)* Wer es auch sei: Auf gutes Gelingen!

25 **Klara.** Bruder, du redest –

Karl. Gefällt's dir nicht? Lass gut sein! Du wirst mich nicht lange
mehr sehen!

Klara *(zusammenschaudernd).* Nein!

Karl. Nein? Weißt du's schon, dass ich zur See will? Kriechen mir
30 die Gedanken auf der Stirn herum, dass du sie lesen kannst?
Oder hat der Alte nach seiner Art gewütet und gedroht, mir das
Haus zu verschließen? Pah! Das wär nicht viel anders, als
wenn der Gefängnisknecht mir zugeschworen hätte: Du sollst
nicht länger im Gefängnis sitzen, ich stoße dich hinaus ins
35 Freie!

Klara. Du verstehst mich nicht!

Karl *(singt).* Dort bläht[1] ein Schiff die Segel,
　　　　　　　Frisch saust hinein der Wind!
Ja, wahrhaftig, jetzt hält mich nichts mehr an der Hobelbank
fest! Die Mutter ist tot, es gibt keine mehr, die nach jedem
5　Sturm aufhören würde, Fische zu essen[2], und von Jugend auf
war's mein Wunsch. Hinaus! Hier gedeih ich nicht oder erst
dann, wenn ich's gewiss weiß, dass das Glück dem Mutigen,
der sein Leben auf Spiel setzt, der ihm den Kupferdreier, den
er aus dem großen Schatz empfangen hat, wieder hinwirft, um
10　zu sehen, ob es ihn eingesteckt oder ihn vergoldet zurückgibt,
nicht mehr günstig ist.
Klara. Und du willst den Vater allein lassen? Er ist sechzig Jahr!
Karl. Allein? Bleibst du ihm nicht?
Klara. Ich?
15　**Karl.** Du! Sein Schoßkind! Was wächst dir für Unkraut im Kopf,
dass du fragst! Seine Freude lass ich ihm und von seinem ewigen Verdruss wird er befreit, wenn ich gehe, warum sollt' ich's
denn nicht tun? Wir passen ein für allemal nicht zusammen,
er kann's nicht eng genug um sich haben, er möchte seine
20　Faust zumachen und hineinkriechen, ich möchte meine Haut
abstreifen, wie den Kleinkinderrock, wenn's nur ginge! *(Singt.)*
　　　　　　　Der Anker wird gelichtet,
　　　　　　　Das Steuer flugs gerichtet,
　　　　　　　Nun fliegt's hinaus geschwind!
25　Sag selbst, hat er auch nur einen Augenblick an meiner Schuld
gezweifelt? Und hat er in seinem überklugen: Das hab ich erwartet! Das hab ich immer gedacht! Das konnte nicht anders
enden! nicht den gewöhnlichen Trost gefunden? Wärst du's
gewesen, er hätte sich umgebracht! Ich möcht ihn sehen,
30　wenn du ein Weiberschicksal[3] hättest! Es würde ihm sein, als
ob er selbst in die Wochen kommen sollte! Und mit dem Teufel dazu!

---

[1]　Die von Karl im Folgenden gesungenen Verse entsprechen zusammenge-
　　fügt Hebbels Gedicht „Der junge Schiffer".
[2]　aus Furcht, Karl könnte bei dem Sturm umgekommen sein
[3]　ein uneheliches Kind

Klara. O, wie das an mein Herz greift! Ja, ich muss fort, fort!

Karl. Was soll das heißen?

Klara. Ich muss in die Küche – was wohl sonst? *(Fasst sich an die Stirn.)* Ja! Das noch! Darum allein ging ich ja noch wieder zu
5 Hause *(Ab.)*

Karl. Die kommt mir ganz sonderbar vor! *(Singt.)*
           Ein kühner Wasservogel
           Kreist grüßend um den Mast!

Klara *(tritt wieder ein).* Das Letzte ist getan, des Vaters Abendtrank
10 steht am Feuer. Als ich die Küchentür hinter mir anzog und
ich dachte: Du trittst nun nie wieder hinein!, ging mir ein
Schauer durch die Seele. So werd ich auch aus dieser Stube
gehen, so aus dem Hause, so aus der Welt!

Karl *(singt, er geht immer auf und ab, Klara hält sich im Hintergrund).*
15   Die Sonne brennt herunter,
           Manch Fischlein, blank und munter,
           Umgaukelt keck den Gast!

Klara. Warum tu ich's denn nicht? Werd ich's nimmer tun? Werd
ich's von Tag zu Tag aufschieben, wie jetzt von Minute zu Mi-
20 nute, bis – Gewiss! Darum fort! – Fort! Und doch bleib ich
stehen! Ist's mir nicht, als ob Augen – *(Sie setzt sich auf einen
Stuhl.)* Was soll das? Bist du zu schwach dazu? So frag dich, ob
du stark genug bist, deinen Vater mit abgeschnittener Kehle –
(Sie steht auf.) Nein! Nein! – Vater unser, der du bist im Him-
25 mel – Geheiliget werde dein Reich – Gott, Gott, mein armer
Kopf – ich kann nicht einmal beten – Bruder! Bruder! – Hilf
mir –

Karl. Was hast du?

Klara. Das Vaterunser! *(Sie besinnt sich.)* Mir war, als ob ich schon
30 im Wasser läge und untersänke und hätte noch nicht gebetet!
Ich – *(Plötzlich.)* Vergib uns unsere Schuld, wie wir vergeben
unsern Schuldigern! Da ist's! Ja! Ja! Ich vergeb ihm gewiss, ich
denke ja nicht mehr an ihn! Gute Nacht, Karl!

Karl. Willst du schon so früh schlafen gehen? Gute Nacht!

35 **Klara** *(wie ein Kind, das sich das Vaterunser überhört).* Vergib uns –

Karl. Ein Glas Wasser könntest du mir noch bringen, aber es
muss recht frisch sein!

Klara *(schnell).* Ich will es dir vom Brunnen holen!

Karl. Nun, wenn du willst, es ist ja nicht weit!

Klara. Dank! Dank! Das war das Letzte, was mich noch drückte! Die Tat selbst musste mich verraten! Nun werden sie doch sa-
5 gen: Sie hat ein Unglück gehabt! Sie ist hineingestürzt!

Karl. Nimm dich aber in Acht, das Brett ist wohl noch immer nicht wieder vorgenagelt!

Klara. Es ist ja Mondschein! – O Gott, ich komme nur, weil sonst mein Vater käme! Vergib mir, wie ich – Sei mir gnädig – gnä-
10 dig – *(Ab.)*

Neunte Szene

Karl *(singt).* Wär gern hineingesprungen,
Da draußen ist mein Reich!
Ja! aber vorher – *(Er sieht nach der Uhr.)* Wie viel ist's?
Neun!
15 Ich bin ja jung von Jahren,
Das ist's mir nur ums Fahren,
Wohin? Das gilt mir gleich!

Zehnte Szene

Meister Anton *(tritt ein).* Dir hätt ich etwas abzubitten, aber wenn ich's dir verzeihe, dass du heimlich Schulden gemacht hast,
20 und sie noch obendrein für dich bezahle, so werd ich's mir er-sparen dürfen!

Karl. Das eine ist gut, das andere ist nicht nötig, wenn ich meine Sonntagskleider verkaufe, kann ich die Leute, die ein paar Ta-ler von mir zu fordern haben, selbst befriedigen, und das werd
25 ich gleich morgen tun, als Matrose, *(für sich)* da ist's heraus! *(laut)* brauch ich sie nicht mehr!

Meister Anton. Was sind das wieder für Reden!

Karl. Er hört sie nicht zum ersten Mal, aber Er mag mir heute darauf antworten, was Er will, mein Entschluss steht fest!
30 **Meister Anton.** Mündig bist du, es ist wahr!

Karl. Eben weil ich's bin, trotz ich nicht darauf. Aber ich denke,
Fisch und Vogel sollten sich nicht darüber streiten, ob's in der
Luft oder im Wasser am besten ist. Nur eins. Er sieht mich
entweder nie wieder, oder Er wird mich auf die Schulter klop-
5 fen und sagen: Du hast recht getan!

Meister Anton. Wir wollen's abwarten. Ich brauche den Gesellen,
den ich für dich eingestellt habe, nicht wieder abzulohnen,
was ist's denn weiter?

Karl. Ich danke Ihm!

10 **Meister Anton.** Sag mir, hat der Gerichtsdiener, statt dich auf dem
kürzesten Weg zum Bürgermeister zu führen, dich wirklich
durch die ganze Stadt –

Karl. Straßauf, straßab, über den Markt, wie den Fastnachtsoch-
sen[1], aber zweifle Er nicht, auch den werd ich bezahlen, eh ich
15 gehe!

Meister Anton. Das tadle ich nicht, aber ich verbiet es dir!

Karl. Ho!

Meister Anton. Ich werde dich nicht aus den Augen lassen, und
ich selbst, ich würde dem Kerl beispringen, wenn du dich an
20 ihm vergreifen wolltest!

Karl. Ich meinte, Er hätte die Mutter auch lieb gehabt.

Meister Anton. Ich werd's beweisen.

Elfte Szene

Der Sekretär (*tritt bleich und wankend herein, er drückt ein Tuch gegen die Brust*). Wo ist Klara? (*Er fällt auf einen Stuhl zurück.*)
25 Jesus! Guten Abend! Gott sei Dank, dass ich noch herkam! Wo
ist sie?

Karl. Sie ging zum – Wo bleibt sie? Ihre Reden – mir wird angst!
(*Ab.*)

Sekretär. Sie ist gerächt – Der Bube liegt – Aber auch ich bin – Wa-
30 rum das, Gott? – Nun kann ich sie ja nicht –

---

[1] vermutlich Anspielung auf einen alten Fastnachtsbrauch, nach dem ein
junger Ochse durch die Straßen getrieben oder auch nur eine Ochsen-
haut als Maske im Umzug verwendet wird

Meister Anton. Was hat Er? Was ist mit Ihm?

Sekretär. Es ist gleich aus! Geb' Er mir die Hand darauf, dass Er seine Tochter nicht verstoßen will – Hört Er, nicht verstoßen, wenn sie –

5 **Meister Anton.** Das ist eine wunderliche Rede. Warum sollt' ich sie denn – Ha, mir gehen die Augen auf! Hätt ich ihr nicht Unrecht getan?

Sekretär. Geb' Er mir die Hand!

Meister Anton. Nein! *(Steckt beide Hände in die Tasche.)* Aber ich
10 werd ihr Platz machen, und sie weiß das, ich hab's ihr gesagt!

Sekretär *(entsetzt).* Er hat ihr – Unglückliche, jetzt erst versteh ich dich ganz!

Karl *(stürzt hastig herein).* Vater, Vater, es liegt jemand im Brunnen! Wenn's nur nicht –

15 **Meister Anton.** Die große Leiter her! Haken! Stricke! Was säumst du? Schnell! Und ob's der Gerichtsdiener wäre!

Karl. Alles ist schon da. Die Nachbarn kamen vor mir. Wenn's nur nicht Klara ist!

Meister Anton. Klara? *(Er hält sich an einem Tisch.)*

20 **Karl.** Sie ging, um Wasser zu schöpfen, und man fand ihr Tuch.

Sekretär. Bube, nun weiß ich, warum deine Kugel traf. Sie ist's.

Meister Anton. Sieh doch zu! *(Setzt sich nieder.)* Ich kann nicht! *(Karl ab.)* Und doch! *(Steht wieder auf.)* Wenn ich Ihn *(zum Sekretär)* recht verstanden habe, so ist alles gut.

25 **Karl** *(kommt zurück).* Klara! Tot! Der Kopf grässlich am Brunnenrand zerschmettert, als sie, – Vater, sie ist nicht hinein*gestürzt*, sie ist hinein*gesprungen*, eine Magd hat's gesehen!

Meister Anton. Die soll sich's überlegen, eh sie spricht! Es ist nicht hell genug, dass sie das mit Bestimmtheit hat unter-
30 scheiden können!

Sekretär. Zweifelt Er? Er möchte wohl, aber Er kann nicht! Denk' Er nur an das, was Er ihr gesagt hat! Er hat sie auf den Weg des Todes hinausgewiesen, ich, ich bin schuld, dass sie nicht wieder umgekehrt ist. Er dachte, als Er ihren Jammer ahnte, an
35 die *Zungen,* die hinter Ihm herzischeln würden, aber nicht an die *Nichtswürdigkeit* der *Schlangen,* denen sie angehören, da sprach Er ein Wort aus, das sie zur Verzweiflung trieb; ich,

statt sie, als ihr Herz in namenloser Angst vor mir aufsprang, in meine Arme zu schließen, dachte an den Buben, der dazu ein Gesicht ziehen könnte, und – nun, ich bezahl's mit dem Leben, dass ich mich von einem, der *schlechter* war als ich, so
5 *abhängig* machte, und auch Er, so eisern Er dasteht, auch Er wird noch einmal sprechen: Tochter, ich wollte doch, du hättest mir das Kopfschütteln und Achselzucken der Pharisäer um mich her nicht erspart, es beugt mich doch tiefer, dass du nun nicht an meinem Sterbebett sitzen und mir den Angstschweiß
10 abtrocknen kannst!

Meister Anton. Sie hat mir nichts erspart – man hat's gesehen!

Sekretär. Sie hat getan, was sie konnte – *Er war's nicht wert, dass ihre Tat gelang!*

Meister Anton. Oder sie nicht!

15 *(Tumult draußen.)*

Karl. Sie kommen mit ihr – *(Will ab.)*

Meister Anton *(fest, wie bis zu Ende, ruft ihm nach).* In die Hinterstube, wo die Mutter stand!

Sekretär. Ihr entgegen! *(Will aufstehen, fällt aber zurück.)* O! Karl!

20 **Karl** *(hilft ihm auf und führt ihn ab).*

Meister Anton. Ich verstehe die Welt nicht mehr! *(Er bleibt sinnend stehen.)*

Anhang

Der vorliegende Anhang besteht aus ausgewählten Materialien, die Leserinnen und Leser an den Entstehungskontext und die Rezeptionsgeschichte von Hebbels Drama „Maria Magdalena" heranführen sollen. Sie vermitteln einen fundierten Einblick in die biografisch-gesellschaftlichen Voraussetzungen und die dramentheoretischen Besonderheiten von „Maria Magdalena" und bieten somit eine wichtige Verständnishilfe sowohl für die historische als auch für die aktuelle Bedeutung dieses Dramas.

Carl Rahl: Friedrich Hebbel (Öl auf Leinwand, 1855)

1. Friedrich Hebbel: Zeittafel zu Leben und Werk

1813 18. März: Christian Friedrich Hebbel wird geboren in Wesselburen (Herzogtum Holstein) als ältester Sohn des Maurers Klaus Friedrich Hebbel (geb. 1789) und seiner Frau Antje Margarete (geb. 1817).

1827 18. November: Tod des Vaters. Hebbel wird Laufbursche, später Schreiber beim Kirchspielvogt Mohr in Wesselburen.

1835 14. Februar: Reise nach Hamburg. Finanzielle Unterstützung durch die Schriftstellerin Amalie Schoppe (geb. 1791) zur Vorbereitung auf ein Universitätsstudium. – 23. März: Beginn der Niederschrift der Tagebücher. Beziehung zu Elise Lensing (geb. 1804), die Hebbel mit ihren Ersparnissen unterstützt.

1836 27. März: Reise mit Freunden nach Heidelberg zur Aufnahme eines Jurastudiums. Freundschaft mit Emil Rousseau (geb. 1817). Erzählungen *Anna, Eine Nacht im Jägerhaus*, Gedichte. – 12. September: Abbruch des Jurastudiums und Reise über Straßburg, Stuttgart, Tübingen und Augsburg nach München (Ankunft am 29. September).

1837 13. April: Ankunft des Freundes Emil Rousseau in München. Autodidaktisches Studium, gelegentlicher Vorlesungsbesuch, journalistische Arbeiten. – Ab September: Wohnung bei Tischlermeister Schwarz, Beziehung zu dessen Tochter Josepha (genannt „Beppi").

1838 28. August: Promotion Emil Rousseaus, Hebbel als Opponent. – 3. September: Tod der Mutter. – 2. Oktober: Tod des Freundes Emil Rousseau in Ansbach.

1839 11.–31. März: Beschwerliche Fußreise von München nach Hamburg. Bekanntschaft mit Karl Gutzkow und Mitarbeit an dessen Telegraph für Deutschland. – 2. Juni: lebensgefährliche Erkrankung. – 2. Oktober: Beginn der Arbeit an *Judith*.

1840 28. Januar: *Judith* abgeschlossen. – 6. Juli: Uraufführung der *Judith* in Berlin auf Betreiben der Schauspielerin Auguste Stich-Crelinger. Leidenschaftliche Gefühle für die Hamburger Senatorentochter Emma Schröder. Bruch mit Amalie Schoppe. – 13. September: Beginn der Arbeit an *Genoveva*. – 5. November: Geburt von

Hebbels und Elises erstem Sohn Max. – 1. Dezember: Aufführung der *Judith* in Hamburg.

1841   1. März: *Genoveva* abgeschlossen. Novelle *Matteo*. – 4. Juli: *Judith* erscheint bei Campe. – 29. November: Abschluss des Lustspiels *Der Diamant*, das Hebbel am 25. Dezember beim Preisgericht in Berlin einreicht.

1842   5.–8. Mai: Großer Hamburger Brand. – Juli: Gedichte erscheinen. – Oktober: *Genoveva* erscheint. – 12. November: Abreise nach Kopenhagen, wo Hebbel zunächst um eine Professur in Kiel, dann auf Anraten Adam Oehlenschlägers um ein Reisestipendium bei König Christian VIII. nachsuchen will. – 13. Dezember: erste (erfolglose) Audienz beim König.

1843   23. Januar: zweite Audienz bei König Christian. – 10. März: Arbeit an Maria Magdalena begonnen. – 4. April: Bewilligung eines zweijährigen Reisestipendiums. – 27.–28. April: Rückkehr nach Hamburg. – 31. Juli: *Mein Wort* über *das Drama* beendet. – 8. September: Reise nach Frankreich. – 12. September: Ankunft und Wohnung in Saint-Germain-en-Laye. – 28. September: Übersiedlung in Paris. Freundschaft mit Felix Bamberg. – 2. Oktober: Tod des Sohnes Max in Hamburg. – 4. Dezember: *Maria Magdalena* abgeschlossen.

1844   14. Mai: Hebbels zweiter Sohn Ernst wird in Hamburg geboren. – April: Vorwort zu   *Maria Magdalena*. – September: *Maria Magdalena* erscheint. – 26. September – 3. Oktober: Reise von Paris über Marseille nach Rom.

1845   19. Juni – 8. Oktober: Aufenthalt in Neapel. Arbeit an Moloch. – 11.–29. Oktober: Zweiter Aufenthalt in Rom. Hebbels Gesuch um Reiseverlängerung wird abgelehnt. Entfremdung von Elise Lensing. Hebbel bricht stark verschuldet nach Wien auf. – 4. November: Ankunft in Wien. Großzügige finanzielle Unterstützung durch die Barone Julius und Wilhelm Zerboni di Sposetti. Bruch mit Elise Lensing und Verlobung mit der Burgschauspielerin Christine Enghaus (geb. 1817). – November: Beginn der Arbeit an *Julia*.

1846   13. März: Uraufführung der *Maria Magdalena* in Königsberg. – 26. Mai: Vermählung mit Christine Enghaus. – September: Beginn der Arbeit an *Ein Trauerspiel in Sizilien*. – 27. Dezember: Emil Hebbel („Ariel") wird geboren.

1847 9. Januar: *Ein Trauerspiel in Sizilien* abgeschlossen. – 14. Februar: Tod des Sohnes Emil. – 23. Februar: Beginn der Arbeit an *Herodes und Mariamne*. – 12. Mai: Tod des Sohnes Ernst in Hamburg. – 15. Mai: *Der Diamant* erscheint. – 29. Mai: Ankunft Elise Lensings in Wien, die auf Wunsch Christines eingeladen worden war. – 26. Juni – 9. Juli: Reise mit Christine zu deren Gastspiel nach Graz. – Mitte Juli – Anfang August: Reise mit Christine nach Berlin, Leipzig und Dresden. – 23. November: *Julia* abgeschlossen. – November: Neue Gedichte erscheinen. – 25. Dezember: Christine Hebbel („Titi") wird geboren.

1848 20. Januar: Tod König Christians VIII. – März: Revolution in Wien. – 8. Mai: *Maria Magdalena* in Wien aufgeführt. – 26. Mai – 8. Juni: Teilnahme Hebbels an einer Delegation, die den nach Innsbruck entflohenen Kaiser Ferdinand I. zur Rückkehr nach Wien bewegen soll. – 27. August: Rückreise Elise Lensings nach Hamburg. – 14. November: *Herodes und Mariamne* abgeschlossen.

1849 1. April: Beginn der Arbeit an *Der Rubin*. – 19. April: Uraufführung von *Herodes und Mariamne* am Wiener Burgtheater. – 19. Mai: *Der Rubin* abgeschlossen. – 15. November: Übernahme der Feuilletonredaktion der Österreichischen Reichszeitung. – 21. November: Uraufführung von *Der Rubin* am Burgtheater. – Dezember: *Schnock* erscheint.

1850 Januar: *Herodes und Mariamne* erscheint. – 15. März: Rücktritt von der Redaktion der Reichszeitung. Heinrich Laube wird neuer Intendant des Burgtheaters: Unstimmigkeiten mit Hebbel führen dazu, dass dessen Stücke vom Spielplan des Burgtheaters genommen werden. – Juli: Reise nach Agram und Hamburg mit Christine. – 8. Oktober: *Ein Trauerspiel in Sizilien* und *Der Rubin* erscheint. – Mitte November – 18. Dezember: *Michel Angelo* geschrieben.

1851 21. Januar: Nachspiel zur *Genoveva* beendet. – April: *Julia* mit Vorwort Abfertigung eines ästhetischen Kannegießers (gegen Julian Schmidt) erscheint. Reise nach Berlin. – Juli: Reise nach Berlin und Hamburg mit Christine und Emil Kuh (Gastspiel Christines und Besuch bei Ludwig Tieck). – 22. September: Beginn der Arbeit an *Agnes Bernauer*, abgeschlossen am 24. Dezember. *Michel Angelo* erscheint.

1852 Februar und März: Aufenthalt in München. – 25. März: Uraufführung der *Agnes Bernauer* in München. Hebbel mehrfach vom bayrischen Königspaar empfangen. – Juli: Reise mit Christine nach Venedig und Mailand.

1853 28. April: Tod Ludwig Tiecks. – Juli: Reise nach Hamburg und Helgoland. – September: Hebbels Ausgabe der Werke des Freiherrn von Feuchtersleben erscheint. – Dezember: Beginn der Arbeit an *Gyges und sein Ring*.

1854 20. Januar: Hebbels *Genoveva* unter dem Titel „*Magellona*" von Laube mit zahlreichen Änderungen am Burgtheater aufgeführt. – Juli und August: Hebbel mit Christine in Marienbad und Prag, im Anschluss allein in Dresden. – Oktober: *Agnes Bernauer* erscheint. – 14. November: *Gyges und sein Ring* abgeschlossen. – 18. November: Tod Elise Lensings in Hamburg.

1855 August: Erwerb eines Sommerhauses in Gmunden am Traunsee. – Oktober: Beginn der Arbeit an *Die Nibelungen*. Erzählungen und Novellen, *Gyges und sein Ring* erscheinen.

1856 9. Februar: Beginn der Arbeit am Versepos *Mutter und Kind*. – Juli: Aufenthalt in Gmunden. – 10. – 16. September: Aufenthalt in Bertholdstein.

1857 18. Februar: Siegfrieds Tod abgeschlossen. – 20. März: *Mutter und Kind* beendet. – April und Mai: Reise nach Hamburg, Frankfurt (Begegnung mit Arthur Schopenhauer und Wilhelm Jordan), Weimar und Stuttgart (Besuch Eduard Mörikes und des Verlegers Cotta). – Juli: Aufenthalt in Gmunden. – September: Gesamtausgabe der Gedichte bei Cotta erscheint. – Dezember: Tiedge-Preis für *Mutter und Kind*. Erster Plan zu *Demetrius*.

1858 22. Februar – 16. März: Operntext *Der Steinwurf* oder *Opfer um Opfer* geschrieben. – 11. Mai: Begegnung mit dem Großherzog Karl Alexander von Sachsen-Weimar. – 19. Juni bis Juli: Reise nach Weimar. – 25. Juni: *Genoveva* in Weimar aufgeführt. Hebbel ist mehrfach Gast beim Großherzog, Verleihung des Falkenordens. – Juli: Aufenthalt in Gmunden. – Mitte September: zusammen mit Emil Kuh in Krakau. – 25. September: Tod von Amalie Schoppe in New York.

1859 Juni: Erkrankung an Rheumatismus. – Juli und August: Aufenthalt in Gmunden. – September: Reise nach Weimar und

Dresden. Bruch mit Gutzkow. Wiederaufnahme der Arbeit an den *Nibelungen*. *Mutter und Kind* erscheint.

1860 Januar: Bruch mit Emil Kuh. – 22. März: *Die Nibelungen* abgeschlossen. – 7. Juni: Bruch mit Debrois van Bruyck. – Juli und August: Aufenthalt in Gmunden. – November: Reise nach Paris. – Dezember: Hebbel erhält den Maximiliansorden.

1861 Januar: Reise nach Weimar. – 31. Januar: Uraufführung der *Nibelungen Teil I und II* in Weimar. – 1. April: Uraufführung des *Michel Angelo* am Wiener Quai-Theater. – Mai: Reise mit Christine nach Weimar. – 16.–18. Mai: Uraufführung der gesamten *Nibelungen-Trilogie* in Weimar (Christine als Brunhild im Zweiten Teil, als Kriemhild im Dritten Teil). Hebbel erhält Angebot vom Großherzog, nach Weimar überzusiedeln, das Hebbel nach anfänglicher Bereitschaft schließlich ablehnt. – Juli und August: Aufenthalt in Gmunden. – Oktober: Reise nach Hamburg und Berlin. – Von März 1861 – Februar 1862 erscheinen Hebbels Wiener Briefe (Literaturkritiken) in der Leipziger Illustrierten Zeitung.

1862 März: *Die Nibelungen* erscheinen. – Mai und Juni: Reise über Paris nach London zur Weltausstellung. Auf der Rückreise Besuch bei Mörike. – Mitte August: Gast des Großherzogs von Weimar auf Schloss Wilhelmsthal. – 13. November: Tod Ludwig Uhlands.

1863 19. Februar: *Die Nibelungen* in Wien aufgeführt. – 18. März: Hebbels 50. Geburtstag. Ernennung zum Hofbibliothekar in Weimar. Seit März: zunehmende Verschlechterung des Gesundheitszustands. – 18. April / 2. Juni: Studentenverbindungen veranstalten Feiern zu Ehren Hebbels. – 15. Juni – Ende August: Kuraufenthalt in Gmunden. – September: Kuraufenthalt in Baden bei Wien. – Oktober: Arbeit am *Demetrius* wiederaufgenommen. – 7. November: Hebbel erhält den Schillerpreis. – 13. Dezember: Tod Hebbels. – 18. Dezember: Beisetzung in der Gruft des Matzleinsdorfer Friedhofs in Wien.

Aus: Friedrich Hebbel. Tagebücher. Hg. von Anni Meetz. Stuttgart: Philipp Reclam jun. GmbH & Co. KG. 2013, S. 415–419

2. Grundaspekte des Entstehungskontexts

Im Laufe des 18. Jahrhunderts entwickelte sich das Bürgertum zu einer selbstbewussten sozialen Schicht. Diese Schicht zeichnete sich zum einen durch wachsende wirtschaftliche Erfolge und zum anderen durch das Streben nach politischer Macht aus. Letzteres manifestierte sich nicht zuletzt in der Forderung nach Freiheit, sodass dem Absolutismus und der Feudalgesellschaft zunehmend die Legitimation entzogen wurde. Zahlreiche bürgerliche Revolutionen im 18. und 19. Jahrhundert waren die Folge. Sie führten zu entscheidenden Modernisierungsschüben in Politik und Gesellschaft. Allerdings war die sich konstituierende bürgerliche Gesellschaft alles andere als einheitlich. Das erklärt sich allein schon aus der Tatsache heraus, dass sich das Bürgertum aus zahlreichen Berufsgruppen zusammensetzte. Deshalb hafteten der bürgerlichen Gesellschaft trotz übereinstimmender Auffassungen von Freiheit, Rechtsstaatlichkeit und Tugenden zahlreiche Widersprüche – etwa das Verhältnis der Geschlechter oder die starre Moral – an, die in der Literatur des 18. und 19. Jahrhunderts vielfach aufgegriffen und thematisiert wurden. Die nachfolgenden Auszüge vermitteln Einblick in jene Grundaspekte, die die Grundlagen für das Verständnis des Bürgertums im historischen Kontext des 18. und 19. Jahrhunderts bilden.

Heidi Rosenbaum: Soziale Zusammensetzung des Bürgertums

Kern des Bürgertums waren im deutschen Kaiserreich nun die gewerblichen *Unternehmer, Großkaufleute und Bankiers* oder, anders ausgedrückt: die Repräsentanten des Industrie-, Handels- und Finanzkapitals. Sie werden hier mit dem Begriff „Unternehemer"
5 gekennzeichnet. Ihnen gemeinsam ist, dass sie einen eigenen Betrieb selbstständig leiten, in dem eine größere Zahl von ihnen Abhängiger unter ihrer Leitung arbeitet.
Die rasante ökonomische Entwicklung, die eine ungeheure Steigerung der Produktion nach sich zog, wurde primär den Unternehmern zugerechnet, die mit ihrem Kapital und Erfindungsgeist so-
10 wie ihrer Risikobereitschaft auch tatsächlich wesentlich dazu beigetragen haben. Gleichsam als „Belohnung" wuchsen ihnen

enorme wirtschaftliche Macht und soziales Ansehen zu. Für die
Zeitgenossen verkörperten die Unternehmer „bürgerlichen" Geist
am reinsten, nämlich: Risikobereitschaft, Konkurrenz, Unterneh-
mungsgeist, Erfolgsstreben, Leistungsbewusstsein. Der Unterneh-
5 mer wurde zum Prototyp des Bürgers schlechthin.
Die entscheidende Differenz des Bürgertums im Kaiserreich zu
dem am Ausgang des 18. Jahrhunderts ist damit umrissen: Prägte
damals der Typus des literarisch gebildeten Beamten, des Gelehr-
ten und Rentiers Bild und Selbstbild des deutschen Bürgertums,
10 so dominierte rund hundert Jahre später eindeutig das kapitalistische Bürgertum. Dementsprechend galt für das Kaiserreich: „Wirtschaftliche Tätigkeit war bürgerliche Tätigkeit; wer sie selbstständig
betrieb, gehörte zum Bürgertum."
Von dieser Regel gab es allerdings eine sehr wesentliche Ausnah-
15 me: Der selbstständige Handwerker wurde nicht zum Bürgertum,
sondern zum Kleinbürgertum gerechnet, wo er [...] auch schon
hundert Jahre früher sozial verortet war.
Zwar galt das Kriterium der wirtschaftlich selbstständigen Tätigkeit
auch für den Handwerker. Allerdings war schon für die Zeitgenos-
20 sen offenbar, dass das Handwerk, das wesentlich Kleinhandwerk
war, auf andere Weise produzierte und in anderer materieller Situation lebte als der kapitalistische Teil des Bürgertums. Die zentrale
Differenz lag jedoch darin, dass im Handwerk weiterhin die vorka-
pitalistische Witschaftsmentalität dominierte. Es verkörperte also
25 gerade nicht die Prinzipien des modernen Wirtschaftslebens. Das
Handwerk gehörte, in der Terminologie V. H. Riehls, zu den „Kräf-
ten des Beharrens". Aus den gleichen Gründen zählte auch der
Kleinhändler nicht zum Bürgertum. Zum im engeren Sinne kapitalistischen Bürgertum gehörte die sich sehr allmählich ausbildende,
30 gleichwohl noch nicht zahlreiche und prägende Gruppe der leiten-
den Angestellten bzw. angestellten Unternehmer, die zwar nicht
das Eigentum an, aber die Dispositionsgewalt über die Produkti-
onsmittel innehatten. Sie zählten aufgrund ihrer Interessenslage
und Wirtschaftsmentalität, aber auch ihrer materiellen Situation
35 zum kapitalistischen Bürgertum [...].
Neben diesen beiden unmittelbar die neue Wirtschaftsweise und
-mentalität verkörpernden Fraktionen des Bürgertums umfasste es

noch zwei weitere Gruppen. Das waren einmal die *selbstständigen Akademiker*, Ärzte, Rechtsanwälte, Apotheker etc. Wenn sie auch im Allgemeinen nicht jenen Reichtum erwirtschaften konnten wie die erfolgreichen Unternehmer, so waren sie doch wohlhabend,
5 wirtschaftlich selbstständig und lebten zumindest zum Teil von der Arbeit unselbstständig beschäftigter Personen. Sie gehörten zudem zu den Gebildeten der Gesellschaft. Zu einem erheblichen Teil handelte es sich bei den selbstständigen Akademikern um Söhne oder Schwiegersöhne von Unternehmern. Aufgrund dieser
10 Herkunft und Heiratsverbindungen, aber auch der ökonomischen Verflechtungen, sei es unmittelbar durch die Tätigkeit selbst (wie z. B. beim Wirtschaftsanwalt) oder durch Aktienbesitz waren sie mit den Kapitaleigentümern eng verbunden.
Zum Bürgertum im deutschen Kaiserreich zählten ebenfalls die *höheren, d. h. die akademisch gebildeten Beamten*. Sie waren zwar nicht
15 wirtschaftlich selbstständig, arbeiteten aber – zumindest der Theorie nach – primär nicht für ihren Lebensunterhalt, sondern der Beamte diente dem Staat, dem Gemeinwohl, mithin einem höheren Ziel. [...]

Aus: Heidi Rosenbaum. Formen der Familie. Untersuchungen zum Zusammenhang von Familienverhältnissen, Sozialstrukturen und sozialem Wandel in der deutschen Gesellschaft des 19. Jahrhunderts. Frankfurt a.M.: Suhrkamp 3. Auflage 1983, S. 316 – 318

Ehre (Lexikonartikel)

Unter Ehre (gr. timé, eudoxia, lat. honor) versteht man die im menschlichen Zusammenleben bekundete Anerkennung und Schätzung, die man selbst empfängt und anderen erweist. Ehre ist das in Worten und Taten sich äußernde positive Urteil, die symbolisch ver-
5 mittelte Manifestation des Wertes, den wir uns gegenseitig beimessen (Hobbes). Welche Qualitäten als Gegenstand begründeter Ehre gelten (edle Geburt, Zugehörigkeit zu einer Klasse, einem bestimmten Berufsstand, Alter, Besitz von materiellen Gütern und Macht, Leistung, sittliche Trefflichkeit oder das Personsein überhaupt),
10 hängt entscheidend von den Wertvorstellungen und der sozio-kulturellen Verfassung einer Gesellschaft ab. Da menschliches Selbstbewusstsein und Selbstwertgefühl durch mitmenschliche Anerkennung vermittelt sind, ist das Bedürfnis nach Geltung natürlich und als vernünftig zu rechtfertigen. Hoher Sinn (gr. megalopsychia),

Stolz, Hochmut, Ehrgeiz und Eitelkeit sind jene Tugenden und Un-
tugenden, die das Verhältnis des Menschen zu seiner Ehre bestim-
men. Als hochsinnig gilt, wer sich hoher Dinge für wert hält und es
auch wirklich ist, wer Ehre allein nach Maßgabe seiner Verdienste
5 beansprucht, sie nur bei ernst zu nehmenden Personen sucht und
über ihre unberechtigte Kränkung gelassen hinwegsieht (Aristoteles). Ähnliches gilt vom Stolz als einer feststehenden Überzeugung
vom eigenen überwiegenden Wert in irgendeiner Hinsicht; fehlt diesem das Bewusstsein des rechten Maßes, so spricht man von Hoch-
10 mut (gr. Hybris); als ehrgeizig und eitel hingegen gilt, wer zu sehr
nach Ehre trachtet (inordinatus honoris appetitus, Thomas v. Aquin)
und das Selbstwertgefühl nur durch die Anerkennung vonseiten anderer zu erringen trachtet und zu bewahren vermag. Ehre als ‚Dasein in der Meinung anderer‘ (Schopenhauer) wird vielfach als
15 höchstes der ‚äußeren‘ Güter eingestuft, da sie neben ihrer identi-
tätsstiftenden Funktion sowohl das Handeln anderer mit und gegen
uns wie unsere eigenen Handlungsmöglichkeiten in einer Gemein-
schaft bestimmt. Ihre eminente soziale Bedeutung führte in der Geschichte zu den verschiedensten Begriffen und Unterscheidungen
20 von Ehre (Standesehre, Berufsehre, Amtsehre, Sexualehre, Familien-
ehre, Stammesehre etc.) und zu geschriebenen und ungeschriebe-
nen Normen, die ihre Zuerkennung, Bewahrung, Verletzung und
Wiederherstellung regelten. Die Bedingungen der Restituierung ver-
letzter oder verlorener Ehre bestanden zumeist, insofern selbstver-
25 schuldet, in Formen der Bewährung, insofern fremdverschuldet, in
Formen der Rache, wobei in beiden Fällen oft das Leben der Preis
der Ehre war. In den Rechtssystemen der Gegenwart wird in der Regel die ungerechtfertigte Verletzung der Ehre des anderen durch falsche Aussagen (Verleumdung) unter Strafe gestellt.

Aus: Lexikon der Ethik. Hg. von Otfried Höffe. 7., neubearbeitete und erweiterte Auflage.
München: Beck 2008, S. 56–57

Marc Bors: Duell und juristischer Ehrenschutz

[...] Im 19. Jahrhundert bildete sich – nicht zuletzt unter dem Ein-
fluss der Strafrechtsgesetzgebung – ein wesentlich engerer Duell-
begriff heraus. Danach galt als Duell jeder zwischen zwei Personen

verabredete, ernstliche Kampf mit gleichen, tödlichen Waffen, der nach vereinbarten oder hergebrachten Regeln durchgeführt wurde. Noch enger fiel die Definition des Zweikampfes aus, wenn diese bei den Duellanten außerdem ein spezifisches Motiv voraussetzte.

5 Nach verbreiteter – aber nicht umstrittener – Ansicht lag ein Duell nämlich nur dann vor, wenn der Zweikampf eine Reaktion auf eine (vermeintliche) Ehrverletzung darstellte. Begriffsnotwendig war nach dieser Ansicht der Beweggrund des Herausforderers, sich durch ein Duell Genugtuung für eine Beleidigung zu verschaffen.

10 Das so verstandene Duell präsentierte sich als eine förmliche Reaktion auf eine Ehrverletzung, die ohne den Richter auskam.

Mit dem juristischen Ehrenschutz hatte das Duell gemein, dass es ein regelgeleitetes Verfahren darstellte, in dem sich der Beleidigte gegen den Beleidiger zur Wehr setzen konnte. Der Zweikampf un-

15 terschied sich vom Injurienprozess[1] allerdings sowohl durch die Art der anwendbaren Regeln als auch durch das Verfahren bei der Durchsetzung dieser Normen: Die Duellregeln beruhten – anders als bei Injurienrecht – nicht auf obrigkeitlichem Willen und ihre Anwendung wurde von der Justiz nicht kontrolliert.

20 Die Tatsache, dass im 19. Jahrhundert zwei verschiedene, normativ bestimmte Verfahren nebeneinander existierten, mit denen auf Ehrverletzungen reagiert werden konnte, wirft die Frage auf, wie sich diese beiden Verfahrenstypen zueinander verhielten. Konkret: Beeinflusste das Injurienrecht das Duellwesen (oder umgekehrt)?

25 Stand der Beleidigte vor der freien Wahl zwischen zwei möglichen Reaktionsformen? Und wenn ja: Gab es Präferenzregeln bei der Wahl zwischen den Verfahren?

Aus: Marc Bors: Duell und juristischer Ehrenschutz. Zur Rolle des Duells in der Literatur zum Ehrverletzungsrecht im 19. Jahrhundert. In: Ulrike Ludwig, Barbara Krug-Richter, Gerd Schwerhoff (Hg.): Das Duell. Ehrenkämpfe vom Mittelalter bis zur Moderne. Konstanz: UVK Verlagsgesellschaft mbH 2012, S. 175 f.

---

[1] Prozess, in dem aus der römischen Rechtsprechung stammende Klagen verhandelt wurden, die Beleidigungen und eine Schädigung der Ehre zum Thema hatten

Illustration zu: Alexandre Dumas: Le collier de la reine

Eugène Delacroix: Duell von Faust und Valentin, 1828, Tinte auf Papier

Duell von Alexandre Dumas mit Th. F. Gaillardet, 1834

Günter Häntzschel: Bürgerliches Frauenbild

Die Organisation des Hauswesens, die Aufsicht über die Dienstboten, die Erziehung der Kinder werden jetzt [Mitte des 19. Jh.s]
vorrangig weibliche Aufgaben. Daher ist es plausibel, dass nicht
etwa die im Zuge der Gleichheitsbestrebungen im Klima der
5 Französischen Revolution vereinzelt geäußerten frauenemanzi-
patorischen Ideen sich durchsetzen konnten, vielmehr das als
Gegenbewegung sich formierende Konzept von der *Polarisierung
der Geschlechtscharaktere* zur Norm wird. Diese mit Rousseau[1]
beginnende, vom deutschen Idealismus rezipierte, differenzierte
10 und verbreitete Ideologie unterscheidet Männer und Frauen
nicht mehr, wie in der älteren Hausväter- und Hausmütterlitera-
tur üblich, nach Stand und Funktionen, sondern nach ihren ver-
meintlichen geschlechtsspezifischen Eigenschaften. ‚Der Ge-
schlechtscharakter wird als eine Kombination von Biologie und
15 Bestimmung aus der Natur abgeleitet und zugleich als Wesens-
merkmal in das Innere der Menschen verlegt.' Dieses Rollenkon-
zept, das sich in Pädagogik, Philosophie, Anthropologie, Medi-
zin und schöner Literatur bis in das 20. Jahrhundert hinein am
Leben erhält und den Geist der für Frauen konzipierten Schriften
20 zur Lebensführung prägt, basiert auf einer strikten Zweiteilung.
Männlicher Aktivität, Energie, Willenskraft, Stärke stehen weibliche Passivität, Schwäche, Hingebung, Bescheidenheit gegenüber; der Bestimmung des Mannes für Außenwelt und Öffent-
lichkeit korrespondieren Häuslichkeit und Innenleben der Frau;
25 männliche Selbstständigkeit findet ihr Pendant in weiblicher Abhängigkeit; Rationalität und Wissen werden dem Mann, Emotionalität, rezeptives Verhalten, Fürsorglichkeit und Liebesfähigkeit
der Frau zugeordnet. Als typisch weibliche Eigenschaften gelten
Geduld, Nachgiebigkeit, Demut und – eine Folge der Unerfah-
30 renheit und Begrenzung auf die private Sphäre – Kindlichkeit.
Aus der ursprünglichen Idee der Ergänzung beider Geschlechter
zu harmonischer Einheit entwickelt sich ein System, das die pat-
riarchalische Herrschaft legitimiert und das den Frauen in Ab-

---

[1] Jean Jacques Rousseau (1712–1778); französischer Philosoph der Aufklä-
rung

hängigkeit vom Mann und unter Verleugnung ihrer eigenen An-
lagen und Fähigkeiten das häusliche Leben, die Funktionen der
Hausfrau, Gattin und Mutter als wesensgemäße Bestimmung
vorschreibt. [...]

Aus: Günter Häntzschel (Hrsg.): Bürgerliches Frauenbild. In: Bildung und Kultur
bürgerlicher Frauen 1850–1918. Eine Quellendokumentation aus Anstandsbüchern
und Lebenshilfen für Mädchen und Frauen als Beitrag zur weiblichen literarischen
Sozialisation. Tübingen: Niemeyer 1986, S. 6 f.

Jesus und die Sünderin (Lukas 7, 36 – 50)

[36]Es bat ihn aber der Pharisäer einer, dass er mit ihm äße. Und er
ging hinein in des Pharisäers Haus und setzte sich zu Tisch.
[37]Und siehe, ein Weib war in der Stadt, die war eine Sünderin. Da
die vernahm, dass er zu Tische saß in des Pharisäers Haus,
5 brachte sie ein Glas mit Salbe [38]und trat hinten zu seinen Füßen
und weinte und fing an, seine Füße zu netzen mit Tränen und mit
den Haaren ihres Hauptes zu trocknen, und küsste seine Füße
und salbte sie mit Salbe. [39]Da aber das der Pharisäer sah, der ihn
geladen hatte, sprach er bei sich selbst und sagte: Wenn dieser
10 ein Prophet wäre, so wüsste er, wer und welch ein Weib das ist,
die ihn anrührt, denn sie ist eine Sünderin. [40]Jesus antwortete
und sprach zu ihm: Simon, ich habe dir etwas zu sagen. Er aber
sprach: Meister, sage an. [41]Es hatte ein Gläubiger zwei Schuldner.
Einer war schuldig fünfhundert Groschen, der andere fünfzig.
15 [42]Da sie aber nicht hatten zu bezahlen, schenkte er es beiden.
Sage an, welcher unter denen wird ihn am meisten lieben? [43]Si-
mon antwortete und sprach: Ich dachte, dem er am meisten geschenkt hat. Er aber sprach zu ihm: Du hast recht gerichtet.
[44]Und er wandte sich zu dem Weibe und sprach zu Simon: Sie-
20 hest du dies Weib? Ich bin gekommen in dein Haus; du hast mir
nicht Wasser gegeben zu meinen Füßen; diese aber hat meine
Füße mit Tränen genetzt und mit den Haaren ihres Hauptes ge-
trocknet. [45]Du hast mir keinen Kuss gegeben; diese aber, nachdem sie hereingekommen ist, hat sie nicht abgelassen, meine
25 Füße zu küssen. [46]Du hast mein Haupt nicht mit Öl gesalbt; sie
aber hat meine Füße mit Salbe gesalbt. [47]Derhalben sage ich dir:
Ihr sind viele Sünden vergeben, denn sie hat viel geliebt; wel-

chem aber wenig vergeben wird, der liebt wenig. [48]Und er sprach zu ihr: Dir sind deine Sünden vergeben. [49]Da fingen die an, die mit zu Tische saßen, und sprachen bei sich selbst: Wer ist dieser, der auch Sünden vergibt? [50]Er aber sprach zu dem Weibe: Dein
5 Glaube hat dir geholfen; gehe hin mit Frieden!

Aus: Martin Luther: Die Bibel oder die ganze Heilige Schrift des Alten und Neuen Testaments. Textfassung 1912. Stuttgart: Dt. Bibelgesellschaft 1985

3. Die literarische Strömung: Der Realismus

Friedrich Hebbel gilt als der bedeutendste Dramatiker des poetischen Realismus. Allerdings ist der Begriff des Realismus in der Literaturwissenschaft umstritten. Dies betrifft sowohl die unscharfen Epochengrenzen als auch das literarische Programm. Anhaltspunkte für den Umgang mit dem literaturhistorischen Begriff Realismus bietet der nachfolgende Aufsatz.

Herbert Foltinek: Der Realismus

Der Realismus als Ordnungsbegriff

Der Realismus ist zugleich der einfachste wie auch komplexeste und problematischste Begriff, den die Literaturwissenschaft kennt. Das erweist sich allein daran, dass man zu einer Erklärung wie ungewollt in die Alltagssprache verfällt, zu einer eigentlichen Be-
5 griffsbestimmung jedoch bis auf die Anfänge literaturtheoretischer Überlegungen zurückgehen muss. Die Dichtung, so hat es *Aristoteles* dargelegt, hat die Wirklichkeit nachzuahmen. Wirklichkeit, das heißt alles Gegenständliche, Greifbare, damit aber auch die tiefer liegenden reinen Formen, aus denen die bunte Vielfalt der
10 Dinge hervorgeht. Die empirische Wirklichkeit in ihren ideellen Grundlagen also ist Inhalt der literarischen Nachahmung *(Mimesis)*, was im Einzelfall bedeutet, dass der Dichter bloß einen Ausschnitt dieser Totalität wiedergeben kann, so wie der Maler eben nur bestimmte Eindrücke abbildet, zu deren Konkretisierung und
15 Abklärung er sogar ein Modell heranziehen mag. Der Vergleich mit der bildenden Kunst kommt nicht von ungefähr, und in der Tat hat schon die antike Poetik dem Dichter nahegelegt, wie ein Maler zu verfahren. Das kann aber nicht darüber hinwegtäuschen, dass Dichtung und Malerei grundsätzlich verschieden sind. Wo die eine
20 gegenständlich arbeitet, vermittelt sich diese durch die Sprache. Anders als der Künstler kann der Dichter nicht wirklich abbilden, er wird vielmehr seine Eindrücke und die damit assoziierten Gefühle und Gedanken teils beschreibend, teils evozierend[1] in eine anre-

---

[1] bewirkend, hervorrufend

gende sprachliche Form umsetzen, aus der die Einbildungskraft des Lesers erst wieder Gestalten schafft. So entsteht eine Nachbildung der erfahrenen Wirklichkeit, die allerdings eine Steigerung und Sinngebung gewonnen hat, die dem primären Erscheinungs-
5 bild noch nicht eigen war. Die aristotelische Mimesis stellt sich somit als ein Schaffensprozess dar, in dessen Verlauf empirisch erfassbare Phänomene zu abgerundeten Vorstellungen umgestaltet werden, die nunmehr einen übergreifenden Bedeutungszusammenhang erkennen lassen.
10 Nun hätten wir ebenso einen anderen Einstieg wählen können, der überdies der Argumentation des Aristoteles unmittelbarer entsprochen hätte. Dieser dachte zunächst nicht an Landschaftsbeschreibungen oder epische Schilderungen, sondern an die *dramatische Gattung*, also an eine Form der literarischen Nachahmung,
15 die der objektiven Wirklichkeit eher nahe kommt. So wie die Menschen durch das Medium der Sprache miteinander verkehren, ist auch das Drama, das Begegnungen, Konflikte, Bindungen unter Menschen wiedergibt, durch die Rede konstituiert. Allerdings ergibt eine rein mechanische Aneinanderreihung von Mitteilungen,
20 Gesprächen und Auseinandersetzungen noch kein Drama. Vielmehr wird der Dichter auszuwählen und abzugrenzen haben, um den rohen Vorwurf in ein in sich geschlossenes Kommunikationsmodell umzuformen. Er muss sich auf bestimmte Konfigurationen beschränken, hat Raum- sowie Zeitverhältnisse festzulegen, die
25 einen straffen Handlungsablauf ermöglichen, und wird auf Diskursformen zurückgreifen wollen, welche die Kohärenz und Sinnhaftigkeit der Darstellung zu fördern vermögen. Nicht zuletzt muss die Nachbildung alles vermeiden, was den Leser (oder Zuschauer) unglaublich anmuten und somit befremden könnte. Aris-
30 toteles geht so weit, dem an sich Unmöglichen, aber dennoch Glaubhaften den Vorzug vor dem Unwahrscheinlichen, wenngleich Möglichen zu geben. Damit wird dem literarischen Werk eine Eigenart zuerkannt, die es klar von der stofflichen Wirklichkeit abhebt. Obgleich als Abbildung auf ihre Vorlage bezogen, kommt der
35 Dichtung dennoch Autonomie gegenüber der Realität zu. Dichtung ist eben nicht nur Abbildung, sondern auch Komposition. Unterlässt es der Dramatiker, sein Material zu gestalten, so zerfällt

sein Stück in amorphe[1] Sprechsequenzen, die realitätsnah sein
mögen, aber als sinnentleerte Bruchstücke keinen Rezeptionsvor-
gang auslösen können, somit dem aristotelischen Ansatz in keiner
Weise genügen würden. Indes vermag auch ein Übermaß von
5 Strukturierung schädlich zu wirken, wenn das dramatische Werk
darüber zur bloßen Form- und Formelhaftigkeit erstarrt [...]. Was
letztlich auch bedeuten würde, dass eine durch idealisierende oder
verzerrende Momente aufbereitete Darstellung ihre Wirkung auf
den Leser verfehlen muss – mangelt es ihr doch an Überzeugungs-
10 kraft, eben an Realismus. [...]

Das Zeitalter des Realismus

Als poetische Kategorie wie als Stilbegriff [...] durchzieht der Realismus die gesamte europäische Literatur; die Gattung des Romans
orientiert sich weitgehend an ihm. Im 19. Jahrhundert aber wird der
Realismus zur dominierenden Komponente der gesamten kultu-
5 rellen Entwicklung, sodass man füglich von einem Zeitalter des
Realismus sprechen kann. Wo die Romantik als ein Aufblühen emo-
tionell-kreativer Fähigkeiten in Erscheinung tritt, sollte der Realismus als Einstellung verstanden werden. Der romantische Geist
weicht einer realistischen Grundhaltung. Nach Weltabkehr und
10 subjektiver Verinnerlichung, der Entrückung in das Irrational-Über-
sinnliche, einer Hingabe an die Imagination, die von einer gestei-
gerten Empfänglichkeit für die Wunder der Natur begleitet wird,
kommt der Realismus des 19. Jahrhunderts einer allgemeinen Er-
nüchterung gleich, die allerdings mit einer Besinnung auf das kon-
15 struktive Potenzial des aktiven Menschen gepaart ist und in gestei-
gerte geistige wie materielle Produktivität mündet. Die Wirklichkeit
stellt sich dem Menschen des 19. Jahrhunderts anders dar als frü-
heren Epochen: Sie fordert, drängt und beflügelt ihn. Wir sprechen
von einem Zeitalter der Erfindungen und Entdeckungen, in dem
20 die Wissenschaft einen nie vorhergesehenen Aufschwung erfahren
(sic!), einer Ära der Industrialisierung und Urbanisierung, in der
Umwelt und Lebensbedingungen der Menschen grundlegend ver-

---

[1] unförmige, strukturlose

ändert werden. Die Bevölkerung Europas wächst an und strebt in ganzen Emigrationswellen nach neuen Siedlungsräumen. Nach der politischen Aufbruchstimmung der Romantik wird die Folgeepoche von reaktionären Tendenzen gehemmt, doch bahnt sich
5 ein Wandel zu demokratischen Regierungsformen an, wie sie dann vorerst in Großbritannien, im späten 19. Jahrhundert allmählich auch in anderen Teilen Europas zum Durchbruch gelangen. [...] Die Bezeichnung *bürgerliches Zeitalter* gilt [...] einem sozialen System, das weitgehend durch das Normschema bürgerlicher Schichten
10 bestimmt wird. Sie sind es nun auch, die in zunehmendem Maße die literarische Entwicklung steuern. Der literarische Realismus des 19. Jahrhunderts in seinem so betonten Wirklichkeitsbezug, seiner Funktionalität und Präzision kann als typisch bürgerliche Dichtung verstanden werden [...].

Aus: Herbert Foltinek: Realismus. In: Das Fischerlexikon Literatur N-Z. Frankfurt am Main: Fischer 1996, S. 1575–1587

4. Schriftzeugnisse zur Entstehungs-
geschichte

Für die Entstehungsgeschichte von „Maria Magdalena" liefern sowohl Hebbels Tagebücher als auch sein Briefwechsel wichtige Hinweise und Anhaltspunkte. Dabei wird deutlich, dass die Idee zu „Maria Magdalena" vor allem auf Hebbels persönlichen Erfahrungen beruht. Diese biografischen Faktoren haben nicht nur in den Charakteren und der Figurenkonstellation, sondern auch im dargestellten Milieu ihre poetische Ausgestaltung gefunden. Sein Unbehagen am sozialhistorischen Kontext und den bürgerlichen Verhältnissen bringt er dabei deutlich zum Ausdruck. Als autobiografisches Bekenntnisdrama kann „Maria Magdalena" indes nicht gelesen werden. Hebbel erläutert Absicht und Eigenart seines Stückes, und es verdient hervorgehoben zu werden, dass er sich unmittelbar vor der Niederschrift der „Maria Magdalena" intensiv mit den bürgerlichen Trauerspielen von Gotthold Ephraim Lessing und Jakob Michael Reinhold Lenz beschäftigt hatte.

Briefe

Wundern wirst Du Dich, wenn ich Dir sage, dass ich trotz meiner Krankheit an einer Tragödie arbeite. Allerdings tu ich das und zwar an der Klara. Der erste Akt ist fast fertig und mir gelungen, wie je etwas. Der Meister Anton, ein *Held* im *Kamisol,* der, wie er sagt, die
5 „Mühlsteine als Halskrausen trägt, statt damit ins Wasser zu gehen", gehört vielleicht zu meinen höchsten Gestalten. Es wird wieder eine neue Welt, kein Pinselstrich erinnert an die vorher von mir geschaffenen beiden Stücke; ganz *Bild,* nirgends *Gedanke,* aber in *letzter Wirkung,* wenn mich nicht alles trügt, *von niederschmettern-*
10 *der Gewalt,* bei alledem sogar voll *Versöhnung,* aber freilich nicht zur *Befriedigung* des kritischen *Pöbels.* Mich selbst erschüttert diese Klara gewaltig, wie sie aus der Welt herausgedrängt wird.

Hebbel an Elise Lensing, 23–28.3.1843

Angeschlossen nehme ich mir die Freiheit, Ihnen das Stück, von dem mein alter Freund Kisting Ihnen gesprochen hat, zu übersenden. Ich glaube, es ist in jeder Beziehung darstellbar, und

empfehle es zu diesem Zweck angelegentlichst in Ihre Protek-
tion. Der Titel, unter dem ich es drucken lassen und die Heldin
in den von Judith und Genoveva eröffneten Frauen-Kreis einfüh-
ren werde, ist Maria Magdalena, da dieser symbolische Titel aber
5 zu Missständnissen Anlass geben könnte, so habe ich an seiner Statt fürs Erste den allgemeinen: ein bürgerliches Trauerspiel! gesetzt. Es ist das dritte Glied einer großen Kette von Tra-
gödien, in welchen ich den Welt- und Menschen-Zustand in seinem Verhältnis zu der Natur und zum Sitten-Gesetz, dem
10 wahren, wie dem falschen, auszusprechen gedenke. Speziell
hatte ich bei diesem Stück noch die Absicht, das bürgerliche
Trauerspiel einmal aus den dem bürgerlichen Kreise ursprünglich eigenen Elementen, die nach meiner Ansicht einzig und allein in einem tiefen, gesunden und darum so leicht verletzlichen
15 Gefühl und einem durch keinerlei Art von Dialektik u[nd] kaum
durch das Schicksal selbst zu durchbrechenden Ideenkreis bestehen, aufzubauen. Wenn dies Stück daher, abgesehen von der
größeren Kette, in der es ein notwendiges [...] Glied bildet, ein
parzielles Verdienst hat, so dürfte es darin liegen, dass hier das
20 Tragische nicht aus dem Zusammenstoß der bürgerlichen Welt
mit der vornehmen, woraus freilich in den meisten auch nur ein
gehaltloses Trauriges hervorgeht, abgeleitet ist, sondern ganz
einfach aus der bürgerlichen Welt selbst, aus ihrem zähen u[nd]
in sich selbst begründeten Beharren auf den überlieferten patri-
25 archalischen Anschauungen und ihrer Unfähigkeit, sich in verwi-
ckelten Lagen zu helfen.
Ich hoffe, die Heldin, deren Geschick aus einem Minimum von
Schuld entspringt und dennoch bis zum Ungeheuren anwächst,
soll sich in Ihr Herz schleichen, ohne dass Sie dem, der sie in den
30 Tod hineintreibt und bis ans Ende unerschüttert bleibt, darum
gram werden; ja nur die Felsenhaftigkeit des Alten dürfte mit ihm
und mit der Grundidee des Ganzen aussöhnen und die Beschwich-
tigung, deren das menschliche Gemüt bedarf, herbeiführen, man
sieht, dass er nicht anders kann, wenn er auch möchte, dadurch ist
35 er, und der Dichter mit ihm, gerechtfertigt.
Hebbel an Auguste Stich-Crelinger, 11.12.1843

Der Maria Magdalena z. B., der Sie Ihr Wohlwollen noch immer nicht entzogen haben, liegt ein Vorfall zugrunde, den ich in München selbst erlebte, als ich bei einem Tischlermeister, der mit Vornamen sogar Anton hieß, wohnte. Ich sah, wie das ganze ehrbare
5 Bürgerhaus sich verfinsterte, als die Gendarmen den leichtsinnigen Sohn abführten, es erschütterte mich tief, als ich die Tochter, die mich bediente, ordentlich wieder aufatmen sah, wie ich mit ihr im alten Ton scherzte und Possen trieb.

Hebbel an Sigmund Engländer, 23.2.1863

Tagebucheintrag

Es war meine Absicht, das bürgerliche Trauerspiel zu regenerieren und zu zeigen, dass auch im eingeschränktesten Kreis eine zerschmetternde Tragik möglich ist, wenn man sie nur aus den rechten Elementen, aus den diesem Kreise selbst angehörigen, abzulei-
5 ten versteht. Gewöhnlich haben die Poeten, wenn sie bürgerliche Trauerspiele zu schreiben sich herabließen, es darin versehen, dass sie den derben, gründlichen Menschen, mit denen sie es zu tun hatten, allerlei übertriebene Empfindeleien oder eine stöckige Borniertheit andichteten, die sie als amphibienhafte Zwitter-We-
10 sen, die eben nirgends zu Hause waren, erscheinen ließen.

Tgb. 2910, 4.12.1843

5. Literaturwissenschaftliche Rezeption

*Das Drama „Maria Magdalena" löste bei seinem Erscheinen 1844 kei-
ne Begeisterung in der zeitgenössischen Rezeption aus. Das Stück galt
zuerst als theateruntauglich. Das zeigt sich daran, dass es erst 1846,
also zwei Jahre nach seinem Erscheinen, zur Uraufführung des Trauerspiels in Königsberg kam. Danach folgten zahlreiche Aufführungen und
eine bis in unsere Tage fortgesetzte Rezeption von „Maria Magdalena"
sowohl im Theater als auch in der Literaturwissenschaft. Die hier zu-
sammengestellten Dokumente fassen die häufig herausgestellten Aspekte in der bisherigen Rezeptionsgeschichte zusammen.*

Friederich Theodor Vischer:
Zum neueren Drama. Hebbel

„Ein sehr bedeutendes Talent ist neuerdings unter uns aufgetreten,
[...]. Es ist *Hebbel*. Gleich in seinen ersten Versuchen zeigte er sich
als einen Geist, der berufen ist, seinen Stoff zur Tiefe einer Seelen-
geschichte zu durchdringen [...]. Er griff aber im Stoffe fehl und gab
5 dadurch einen eigentümlichen Mangel seines Blicks zu erkennen,
von dem er sich auch in seiner ungleich reiferen letzten Leistung
keineswegs befreit hat: Mangel an Verständnis der Sitten [...]
Rechnen wir aber dem Dichter diese ersten Fehlgriffe nicht allzu
hoch an, sein drittes Werk würde uns beschämen, wenn wir es tä-
10 ten. Das Missverhältnis zwischen Stoff und Behandlung ist in der
Maria Magdalena überwunden; es ist ein Stück aus unsrer Welt,
aus unseren Sitten, welches dieser geistreiche Maler moderner
Seelenkämpfe hier zu einem Schauplatze genommen hat. [...] Es
ist ohne Frage ein produktives Werk, ein Werk, das *dadurch* Epoche
15 macht, dass es dem bürgerlichen Trauerspiel, das an der komödi-
schen Kleinigkeit seiner Motive und an der grob-sinnlichen Abwä-
gung der tragischen Gerechtigkeit hingesiecht war, einen neuen
Geist eingehaucht hat. [...]
Zuerst muss ich die künstlerische Technik der dramatischen Bewe-
20 gung preisen. Sie ist durchaus im wahren und echten Sinne spannend, sie schreitet, jedes Herz packend und schüttelnd, in gemes-
senem Gange durch die beschleunigenden und retardierenden
Momente, gründlich entwickelnd und doch sparsam, knapp, kurz,

von der Exposition durch die Verwicklung zur tragischen Katastrophe fort. Insbesondere bedient sich der Dichter eines Mittels, das
seine starke Wirkung hier so wenig verfehlt als in der antiken Tragödie: Er setzt eine Tatsache als geschehen und motiviert sie, er-
5 klärt sie erst allmählich im Verlaufe. [...] Dieser analytische Gang
sichert dem Dichter an festem Bande die volle Teilnahme des Zuschauers [...]. Es handelt sich aber hier nicht um einen bloß techni-
schen Kunstgriff; dieses Rückwärts im Vorwärts ist zugleich geisti-
ger, ethischer Schicksalsgang, und wie das Unglück vorwärts
10 schreitet, wird auch die Schuld klar. Hier waltet kein hohes Schicksal, das die stumpfe Träne grobsinnlichen Mitleids mit misshandel-
tem Edelmute erpresst; alle tragen im Leiden ihre Schuld ab, die
Mutter die Schuld ihrer allzu nachsichtigen Liebe gegen den Sohn,
der Vater seiner stachlichten schroffen unzugänglichen Ehrenhaf-
15 tigkeit; die Tochter ihrer verzweifelten Selbstwegwerfung aus Ungeduld des Herzens, das sich vom Geliebten getäuscht glaubt, der
Sohn seiner ungeordneten Sitten, die einem schmählichen Ver-
dachte recht zu geben scheinen, der Sekretär seiner gewaltsamen
Tat, wodurch er ‚sich von einem, der schlechter war als er, so ab-
20 hängig machte‘, und Leonhard ohnedies wird hingeschleudert, wie
es ihm gehört. Die Organe dieser Handlung aber sind ebenso viele
Beweise eines Geistes, der in der Charakterzeichnung wahrhaft bedeutend genannt werden muss. Insbesondere ist Tischler Anton ein
mit Meisterhand entworfenes Original eines mürrischen Ehren-
25 mannes [...].
Ich hatte mir, als ich dieses Drama las (denn der Genuss, es auf-
führen zu sehen, war mir bisher versagt), das tendenziöse Hallo,
womit man es ausgetrompetet, bald aus den Ohren geschafft; ich
las von Szene zu Szene fortgerissen weiter und hatte, bis ich zu
30 den Schlussworten gelangte, den reinen Eindruck einer einfachen,
menschlich allzeit wahren Grundidee, der Idee: Beschränkte und
schroffe Ehrenhaftigkeit macht die Verstrickung weiblichen Herzens in eine sühnbare Schuld unlösbar, richtet bei der ersten
Schwierigkeit ein ganzes Familienglück zugrunde. Ich war mit die-
35 sem Inhalte befriedigt, ich brauchte nichts weiter. Nun kamen aber
die Schlussworte: ‚ich verstehe die Welt nicht mehr.‘ Dahinter steckt
etwas, hatte ich mir nun leicht sagen; aber was? Was ist denn nach

der Lehre dieses Dramas anders in der Welt geworden als sonst, welches anders Gewordene kann dieser Meister Anton nicht begreifen? [...]

Nun aber die Hauptsache, die schroffen Drohungen des Vaters,
5 die jedes Geständnis, jede Ausgleichung abschneiden: gut, da sitzt der Hauptknoten, nur finde ich darin nicht ein so modern bezeichnendes, auf einen Wendepunkt der Zeitbildung hinweisendes Moment; erstens nicht in Beziehung auf einen gewissen Stand und eine durch die moderne Zeit demselben als solchem ausdrücklich
10 gestellte Aufgabe: denn ebenso schroff, ebenso untraktabel[1] im Ehrenpunkt wird jeder Vater auftreten, der von herbmännlichem, hausväterlich strengem und polterndem Charakter ist, sei er nun Tischler, Soldat, Edelmann, Geistlicher oder was anderes. [...] Aber ich kann fürs Zweite auch, abgesehen von der besonderen Stan-
15 desfrage, die allgemeine Hinweisung auf eine solche Forderung der Zeit nicht für etwas so spezifisch Modernes halten; denn doch nicht erst von gestern ist diese Forderung, nicht so ausdrücklich erst jetzt ist sie aufgetreten, dass ein Drama, das da zeigt, wie eine Familie durch strengen und herben Geist der Ehre untergeht, wäh-
20 rend sie durch mildere Humanität zu retten war, darum so gar fürchterlich modern, so überaus zeitgeschichtlich Epoche machend, umwälzend, messianisch wäre! Nein, dieses Drama ist im Geiste seiner Zeit nur ebenso gedichtet wie jedes gute Drama, und es ist nicht sein Mangel, sondern sein Verdienst, dass es aus mo-
25 derner Tendenz – bis auf die prickelnden Schlussworte, die ich weit hinwegwünsche – keinen besonderen Lebtag macht."

Aus: Friederich Theodor Vischer: Zum neueren Drama. Hebbel. Stuttgart 1847

Arthur Eloesser: Das Bürgerliche Drama

In der Vorrede zur ‚Maria Magdalena' hat Friedrich Hebbel den Verfall der bürgerlichen Tragödie dargestellt und er hat durch die Tat seines Werkes bewiesen, dass diese heruntergekommene Gattung durch eine tiefere Einsicht in ihr inneres Wesen wieder zur
5 tragischen Größe emporgehoben werden könne. [...] Hebbels Kri-

---

[1] störrisch, eigensinnig

tik räumt hier etwas radikal und ohne historische Rücksichten auf.
War auch der Standesunterschied in der Behandlung der Epigonen
des 19. Jahrhunderts kein überzeugendes tragisches Motiv mehr,
so war er es doch zur Sturm- und Drangzeit noch gewesen. [...] Die
5 bürgerliche Tragödie hatte im Kampf gegen die Privilegien der herrschenden Klassen gestanden, ihre Sittlichkeit war ein Protest gegen die Sitte der Zeit; da die Bourgeoisie[1] zu den herrschenden
Klassen zu zählen beginnt, muss sie naturgemäß den alten An-
griffspunkt aufgeben und in dem veränderten Bewusstsein der Ge-
10 sellschaft neue Kontraste, neue Schmerzen offenbaren. Hebbel
folgt dieser Entwicklung, und indem er der historischen Gattung
der bürgerlichen Tragödie neues Leben zuführen will, indem er ihre
letzte Möglichkeit wahrnimmt, vernichtet er sie; denn er schreibt
die Tragödie *des* Bürgertums. [...] Der tragische Konflikt wird nicht
15 mehr durch den Zusammenstoß zweier Klassen, zweier Weltan-
schauungen herbeigeführt, er erzeugt sich mit innerer Dialektik
aus der bürgerlichen Welt selbst, die den ihr unterworfenen Individuen zum unentrinnbaren zerstörenden Schicksal wird. [...]
Die moralische Tendenz liegt ganz außerhalb des Dramas, es er-
20 klärt sich selbst, aber innerhalb des Ganzen wird zu seiner Erklärung nichts gesagt. Die Personen führen keinen Kampf gegen Vorurteile, sie sind ihnen gleichmäßig unterworfen, sie fügen sich alle,
wie selbstverständlich, dem naturwidrigen Herkommen und durch
diese gemeinsame Unterwürfigkeit tragen sie alle gleichmäßig zu
25 ihrer gegenseitigen Vernichtung bei. [...]
Mit der ‚Maria Magdalena' hat sich das bürgerliche Drama, einst
Organ des Emanzipationskampfes, gegen das Bürgertum selbst
gekehrt. [...]
Die von den Naturwissenschaften beherrschte soziologische An-
30 schauung des 19. Jahrhunderts geht genau den entgegengesetzten
Weg, indem sie die Gesellschaft nicht mehr aus Individuen zusammensetzt, sondern umgekehrt das Individuum aus der Gesellschaft
erklärt. Sie gibt die Fiktion eines ökonomischen und moralischen
Einzelwesens auf und sucht dieses als Produkt der bestimmenden
35 Verhältnisse darzustellen, sein Denken in allen Abhängigkeitsbezie-

---

[1] wohlhabendes Bürgertum, Mittelschicht

hungen vom Sein zu erklären. Dieser Entwicklung folgend beschäftigt sich die moderne Literatur nicht mehr mit den Einwirkungen
des Individuums auf die Gesellschaft, nicht mehr mit dem Helden,
sondern mit der Einwirkung der Gattung auf das einzelne Wesen,
5 dessen Entwicklung und Bildung durch sie bestimmt und begrenzt
wird. Das eigentliche Objekt der Darstellung wird die Gesellschaft
als die große Sünderin, auf welche alle individuelle Selbstverant-
wortlichkeit abgewälzt wird. Am Anfange dieser Protest- und Ankla-
geliteratur steht Hebbels ‚Maria Magdalena‘, wenn auch nicht
10 durch den Willen ihres Schöpfers. Sie ist ein Sturmvogel der ‚huma-
nen Revolution‘, die auf der modernen Bühne in Henrik Ibsens[1]
Dramen ihren entschiedensten Ausdruck gefunden hat, die durch
die pessimistische Kritik der Gegenwart zu einem neuen, wohl ge-
ahnten, aber noch unausgesprochenen Idealismus der Zukunft
15 führt."

Aus: Arthur Eloesser: Das Bürgerliche Drama. Seine Geschichte im 18. und 19.
Jahrhundert. Berlin: Verlag von Wilhelm Herz 1898. (Reprogr. Nachdr. Genf 1970),
S. 215–218

---

[1] Henrik Johan Ibsen (1828–1906), norwegischer Schriftsteller und Dramatiker des Realismus

6. *Maria Magdalena* auf der Bühne. Bilder und Dokumente zu Aufführungen

Obwohl das Drama „Maria Magdalena" bereits vor knapp 200 Jahren entstanden ist, erlebt es bis heute zahlreiche neue Inszenierungen. Diese sind Beleg dafür, dass es von seiner Aktualität nichts eingebüßt hat.

Bilder

Aufführung am Ausgburger Stadttheater, 2012

Inszenierung am Maxim-Gorki-Theater, Berlin, 2007

Maria Magdalena, Berliner Ensemble (2013). Inszenierung: Nicole Felden, Foto: Martin Walz. Auf dem Foto: Marko Schmidt, Roman Kaminski, Detlef Lutz, Larissa Fuchs, Felix Tittel, Claudia Burckhardt

Dokumente

Carolin Polter: Tragödie mit heiteren Funken

Daniel Leistner zeigt Hebbels Trauerspiel „Maria Magdalena" als kompaktes Schauspielertheater auf der Kronacher Festung. Das Publikum feiert die Darsteller mit anhaltendem Beifall. [...]

Kronach – „Maria Magdalena ... – ich freue mich. Es sterben jetzt
5 schon viele ...", stimmt Intendant und Regisseur Daniel Leistner seine Premierengäste humorvoll auf die Tragödie der Saison der Kronacher Faustfestspiele ein. Das bürgerliche Trauerspiel aus der Feder des deutschen Dramatikers Friedrich Hebbel – von Leistner wie üblich auf das Wesentliche komprimiert – handelt von einer
10 Tischlerfamilie, die sich, gefesselt in einem Netz aus sozialen Konventionen, selbst zugrunde richtet.

Vater Anton (Daniel Leistner in ungewohnt ernster Rolle) lebt in einer Welt, in der das Bedürfnis nach Ehre und Ansehen, die Liebe zum eigenen Sohn vom Platz verweist. Unschuldig des Juwelen-
15 raubs bezichtigt, kommt er ins Gefängnis und gibt damit seiner kranken Mutter den Todesstoß. Gedemütigt durch die Schande, die der „Muttermörder" über seinen Namen brachte, legt Anton seine letzte Hoffnung in Tochter Klara. Die scheint unter der Last zu zerbrechen, den Erwartungen des Vaters und ihrer selbst ge-
20 recht zu werden. Unehelich schwanger von Leonhard und ohne Chance durch eine Ehe von ihrer Sünde befreit zu werden, sieht sie keinen anderen Weg als den Tod.

Leistner spart bei der Inszenierung seiner „Maria Magdalena" an fast allem (Bühnenbild: eine Bank, Licht: lediglich rote Akzentuie-
25 rung tragischer Momente, Musik: auf ein Lied beschränkt) – nicht aber an Vertrauen in die Leistungen seiner Schauspieler. Leicht verständlich, klar strukturiert und ohne unnötige Längen, wird das Stück einzig von den ausdrucksstarken Charakteren getragen.

Beachtliches Debüt

Besonders hervorzuheben sind Heidemarie Wellmann in der Rolle
30 der Klara und Sven Schenke als Leonhard, die sich für die vollen 120 Minuten in ihre Rollen hineinzuleben scheinen und durch hohe Authentizität und echte Emotionalität brillieren. Beachtlich ist

auch das Bühnendebüt von Manuel Koch, der Klaras Jugendliebe Friedrich verkörpert. Etwas mehr Präsenz hätte man sich von Sohn Karl (gespielt von Maurice Ittershagen) gewünscht, die Anzahl der Statisten hätte noch reduziert werden können.

5 Trotz des klaren tragischen Grundtons von „Maria Magdalena" lässt es sich Leistner nicht nehmen, hier und da einen Funken Humor einzustreuen. Es gelingt ihm jedoch, das richtige Maß zu finden und den eigentlichen Charakter des Stücks zu wahren.

Das Schauspiel endet mit einem Stilbruch. Wurde bisher dahin auf 10 Modernisierung des Dramenklassikers verzichtet, führen plötzlich die Puhdys mit „Wenn ein Mensch lebt" in den Abspann ein. Die DDR-Rock-Urgesteine über die am Boden aufgebahrte Leiche Klaras zu legen, scheint zunächst unpassend, erweist sich letztlich aber als gutes Mittel, die Zuschauer aus der Handlung zurück in 15 die Realität zu holen. Und so endet auch diese Premiere mit anhaltendem Beifall von Händen und Füßen auf der fast ausverkauften Bastion[1].

Aus: Carolin Polter: Tragödie mit heiteren Funken. In: Neue Presse Coburg, 13. Juli 2012.

Rudolf Görtler: Vater treibt Tochter in den Selbstmord

Mit Friedrich Hebbels „Maria Magdalena" kommt ein Klassiker des bürgerlichen Trauerspiels auf die Freilicht-Bühne.

[...]

Am Ende ist in der Tat viel gestorben worden unter der Linde oder 5 auch jenseits des Freilicht-Plateaus der Festung Rosenberg, auf dem sich im 18. Jahr lustige und traurige Dinge abspielen. Diesmal würde es eher traurig werden, versprach – oder drohte? – Impresario und Schauspieler Daniel Leistner im traditionellen Prolog vor den voll besetzten Premierenrängen. Und Todesfälle gibt es einige 10 in der „Maria Magdalena" des Friedrich Hebbel, uraufgeführt 1846, ein Klassiker des bürgerlichen Trauerspiels. Das Drama einer (Klein-)Bürgerstochter, die an den Zwängen ihres engstirnigen Milieus zerbricht. Nun könnte man fragen, ob eine ungewollte Schwangerschaft in heutigen Zeiten, da jede 15-Jährige ihren

---

[1] Festung, Burg

Freund bei sich übernachten lassen darf, noch hinreichend dramatische Konflikte bietet. Oder ob die Schande des „nichtswürdigen
Bankrotteurs" noch eine Schande ist, wo doch jeder unfähige Ma-
nager seine fette Abfindung auf den Bahamas verzehren kann. [...]
5 Doch wie sieht's aus mit scheinbar unlösbaren Familienkonstella-
tionen, mit Zwängen von außen und innen, sagen wir die Karriere-
Erwartungen der Eltern erfüllen zu müssen? Da könnte die „Maria
Magdalena" trauriges Beispiel sein. Das Festspiel-Ensemble spielt
seine von Leistner inszenierte Version straff und schlackenlos
10 durch, Musikeinspielungen gibt's diesmal gottlob nur zum
Schluss, die Statisterie wird sparsam eingesetzt, der Text wurde
sinnvoll gekürzt und so ergänzt, dass jeder begreift, warum sich
etwa Klara in den Brunnen stürzen will. Die Hauptperson als
Schmerzensfrau spielt Heidemarie Wellmann überzeugend, eben-
15 so Oda Gräbner als Mutter Therese; gut gefällt auch Melina Rost
als Magd. Sven Schenke gibt den Bösewicht Leonhard eher als Ma-
cho denn als Ratte, die die Figur nun mal ist. Nun ist Leistner vom
Zuschnitt her ein Komödiant. Den knochentrockenen, pedanti-
schen Meister Anton nimmt man ihm nicht unbedingt ab, und
20 Maurice Ittershagen spielt den Sohn Karl, der als Einziger sich aus
dem Familien-Sumpf freistrampeln kann, nicht als Freiheitsheld,
sondern angesäuselt-resignativ – ungewohnt. Die Technik funktio-
nierte einwandfrei, das Publikum war auch angesichts deprimie-
render Ereignisse wie immer begeistert: Faust-Festspiele, nehmt
25 euren Lauf!

Aus: Rudolf Görtler: Vater treibt Tochter in den Selbstmord. In: inFranken.de, 13. Juli 2012

7. Das bürgerliche Trauerspiel – Dramentheoretische Aspekte

In folgenden Aufsätzen werden zentrale dramentheoretische Aspekte diskutiert. Wichtigstes Ziel dabei ist es, dem bürgerlichen Trauerspiel Konturen einer eigenständigen Gattung zu geben. Somit soll das bürgerliche Trauerspiel von anderen Ausformungen des Dramas abgehoben werden.

Gustav Freytag: Die Technik des Dramas (1849)

Das Drama hat die Aufgabe, unserem Auge und Ohr Personen vorzuführen, welche durch den Anteil an einer Begebenheit, die von ihrem Anfang bis zu ihrem Ende übersichtlich ist, verbunden sind. Die Begebenheit muss uns durch die Worte und Taten ver-
5 schiedener Personen klar werden, die Personen müssen uns ihrer Eigentümlichkeit nach durch und durch verständlich und interessant sein, oder, wie man zu sagen pflegt, sie müssen *Charaktere* werden. Deshalb hat jedes Drama einen gesetzlichen Verlauf, feste Abteilungen und Einschnitte. Der Anfang führt uns die Hauptper-
10 sonen, die Helden des Stückes so vor, dass sich ihr Wesen und ihre Eigentümlichkeit noch frei und unbefangen ausspricht, gewöhnlich gerade in dem Augenblick, wo durch eine äußere Anregung oder eine innere Gedankenverbindung der Anfang von einem großen Gefühl oder Wollen sich in ihnen ausgedrückt. Dies ist die
15 Einleitung eines jeden Dramas, in der Regel der erste Akt. Die beiden folgenden Akte zeigen, wie in den Helden des Stückes nach und nach die Leidenschaft immer heftiger aufgeht, wie ihr Verlangen durch äußere Umstände begünstigt oder durchkreuzt wird, bis endlich, in der Regel im dritten Akt, die volle Glut ihres Gefühls
20 und Willens sich in einer Tat konzentriert. Dieser Moment ist der Höhepunkt des Dramas, von ihm beginnt die „Umkehr", die Charaktere erscheinen bis dahin in einseitigem, aber in erfolgreichem Begehren, von innen nach außen wirkend und die Lebensverhältnisse, in welchen sie austreten, mit sich verändernd. Jetzt aber tritt
25 der Punkt ein, wo das, was sie getan haben, auf sie selbst zurückwirkt und eine Macht über sie gewinnt, welche immer größer und

größer wird und neues Tun veranlasst, bis zuletzt die gestörte Harmonie der Welt, in welcher die Helden dargestellt werden, dieselben besiegt und in der Schlusskatastrophe sich mit voller Macht die handelnden Personen unterwirft. Auf diese Katastrophe folgt
5 schnell der Schluss des Stückes, die Situation, wo die Versöhnung der kämpfenden Gegensätze, die Wiederherstellung der durch die Helden gestörten ethischen Ruhe eintritt, dies ist der Moment, wo die Grundidee des Stückes am klarsten hervorkommt und der Seele des Zuschauers Erhebung und Frieden bringt. [...] Die Bühnen-
10 wirksamkeit eines Dramas hängt nämlich in Beziehung auf die Begebenheit des Stückes, auf das, was wir „Handlung" nennen, zumeist von folgenden Punkten ab. Erstens, ob der erregende Moment des Anfanges die Aufmerksamkeit spannt und in dem Zuschauer die Empfindung einer ahnungsvollen Teilnahme hervor-
15 ruft. Zweitens, ob der Moment der konzentrierten Tat, jener Höhepunkt der Handlung, psychologisch richtig angebahnt wird und mächtig und erschütternd heraustritt. Drittens, ob in den letzten Akten die Rückwirkung der Außenwelt auf die Seele der Helden, d. h. die Folgen einer Tat, in wirksamen Situationen, deren Effekte
20 sich gegen das Ende steigern, zur Darstellung kommen und viertens, ob die Katastrophe des Stückes auch ausreicht, die Harmonie der gestörten Verhältnisse wiederherzustellen und das ethische Gefühl der Zuschauer zu befriedigen. [...] Nach dem Aufziehn des Vorhangs ist die erste Notwendigkeit, das Publikum aus der All-
25 tagsstimmung herauszureißen und ihm die Welt der künstlerischen Wahrheit, in welche es so plötzlich versetzt worden ist, imponierend zu machen, zu gleicher Zeit aber in der Exposition des Stückes den Grundton des ganzen Dramas vorklingen zu lassen. Deshalb müssen die Anfangsszenen das Charakteristische der
30 Zeit, der Nationalität, der Familien, welche dargestellt werden sollen, andeuten. Ja, noch mehr, es wird vortheilhaft sein, wenn auch das erwähnte Motiv der ganzen Handlung, welches hier das erregende Moment genannt worden ist, bei seiner dramatischen Entwicklung die Grundfarbe des Stückes trägt, und je nach dieser,
35 Grauen, bange Furcht, heitere Laune etc. erregt. [...] Die zweite Klippe, an welcher mancher Bau in dramatischer Form scheitert, ist die Konzentration des Stückes in der Mitte. Wenn ein Bühnen-

stück drittehalb bis drei Stunden die gespannte Aufmerksamkeit eines oft zerstreuten Publikums in Anspruch nehmen will, so darf es der Regel nach nicht aus Fäden zusammengesetzt sein, welche nebeneinander herlaufen und sich in der Katastrophe verbinden,
5 sondern es muss, bildlich dargestellt, aus zwei Linien bestehen, welche in einem spitzen Winkel auseinanderlaufen, von denen die eine den steigenden Teil der Handlung, die zweite die „Umkehr" darstellt. Der Höhepunkt der Handlung, welcher so ziemlich in die Mitte des Stückes fällt, ist, wie wir gesehn haben, der Moment, wo
10 die Leidenschaft der Hauptpersonen sich in einer starken Tat zusammenfasst, welche als Verhängnis auf sie und ihre Mithandelnden fortzuwirken hat. Das poetische Schaffen ist bis zu diesem Augenblick vorzugsweise eine psychologische Darstellung der innern Veränderungen, welche in der Seele der Helden vorgehn müs-
15 sen, um die Tat glaublich und notwendig zu machen. Was bis dahin im Stücke geschieht, dient fast alles dazu, die Helden in der durch das anregende Moment geöffneten Bahn vorwärts zu treiben und die Metamorphose ihres Innern bis zum Augenblick der Tat zu motivieren. Soll ich erst sagen, dass das, was hier Tat ge-
20 nannt ist, nicht notwendig eine Aktion mit Händen und Füßen, ein Mord, ein Raub oder etwas Ähnliches sein muss? Das Aussprechen eines großen Gefühls kann ebenso sehr eine dramatische Tat sein. Die Hauptsache ist, dass die hohe Spannung des Individuums sich kräftig lösen und das Resultat derselben effektuell her-
25 austreten muss.
[...]

Aus: Gustav Freytag: Die Technik des Dramas. In: Die Grenzboten. Zeitschrift für Politik und Literatur. Hg. Von Gustav Freytag und Julian Schmidt. 8. Jg., 2. Sem., Bd. 3. Leipzig 1849, S. 11–12

Friedrich Hebbel: Mein Wort über das Drama!

Die Kunst hat es mit dem Leben, dem innern und äußern, zu tun, und man kann wohl sagen, dass sie beides zugleich darstellt, seine reinste Form und seinen höchsten Gehalt. Die Hauptgattungen der Kunst und ihre Gesetze ergeben sich unmittelbar aus der Ver-
5 schiedenheit der Elemente, die sie im jedesmaligen Fall aus dem Leben herausnimmt und verarbeitet. Das Leben erscheint aber in

zweifacher Gestalt, als Sein und als Werden, und die Kunst löst
ihre Aufgabe am vollkommensten, wenn sie sich zwischen beiden
gemessen in der Schwebe erhält. Nur so versichert sie sich der
Gegenwart, wie der Zukunft, die ihr gleich wichtig sein müssen,
5 nur so wird sie, was sie werden soll, Leben im Leben; denn das
Zuständlich-Geschlossene erstickt den schöpferischen Hauch, ohne den sie wirkungslos bliebe, und das Embryonisch-Aufzuckende
schließt die Form aus.

Das Drama stellt den Lebensprozess an sich dar. Und zwar nicht
10 bloß in dem Sinne, dass es uns das Leben in seiner ganzen Breite
vorführt, was die epische Dichtung sich ja wohl auch zu tun erlaubt,
sondern in dem Sinne, dass es uns das bedenkliche Verhältnis ver-
gegenwärtigt, worin das aus dem ursprünglichen Nexus[1] entlasse-
ne Individuum dem Ganzen, dessen Teil es trotz seiner unbegreifli-
15 chen Freiheit noch immer geblieben ist, gegenübersteht. Das Drama ist demnach, wie es sich für die höchste Kunstform schicken
will, auf gleiche Weise ans Seiende, indem es nicht müde werden
darf, die ewige Wahrheit zu wiederholen, dass das Leben als Verein-
zelung, die nicht Maß zu halten weiß, die Schuld nicht bloß zufällig
20 erzeugt, sondern sie notwendig und wesentlich mit einschließt und
bedingt; ans Werdende, indem es an immer neuen Stoffen, wie die
wandelnde Zeit und ihr Niederschlag, die Geschichte, sie ihm ent-
gegenbringt, darzutun hat, dass der Mensch, wie die Dinge um ihn
her sich auch verändern mögen, seiner Natur und seinem Geschick
25 nach ewig derselbe bleibt. Hierbei ist nicht zu übersehen, dass die
dramatische Schuld nicht, wie die christliche Erbsünde, erst aus der
Richtung des menschlichen Willens entspringt, sondern unmittelbar aus dem Willen selbst, aus der starren eigenmächtigen Ausdehnung des Ichs, hervorgeht, und dass es daher dramatisch völlig
30 gleichgültig ist, ob der Held an einer vortrefflichen oder einer ver-
werflichen Bestrebung scheitert.

Den Stoff des Dramas bilden Fabel und Charaktere. Von jener wollen wir hier absehen, denn sie ist, wenigstens bei den Neueren, ein
untergeordnetes Moment geworden, wie jeder, der etwa zweifelt,
35 sich klar machen kann, wenn er ein Shakespeare'sches Stück zur

---

[1] Verbindung, Verknüpfung

Hand nimmt und sich fragt, was wohl den Dichter entzündet hat, die Geschichte oder die Menschen, die er auftreten lässt. Von der allergrößten Wichtigkeit dagegen ist die Behandlung der Charaktere. Diese dürfen in keinem Fall als fertige erscheinen, die nur noch
5 allerlei Verhältnisse durch- und abspielen und wohl äußerlich an Glück oder Unglück, nicht aber innerlich an Kern und Wesenhaftigkeit gewinnen und verlieren können. Dies ist der Tod des Dramas, der Tod vor der Geburt. Nur dadurch, dass es uns veranschaulicht, wie das Individuum im Kampf zwischen seinem persönlichen und
10 dem allgemeinen Weltwillen, der die Tat, den Ausdruck der Freiheit, immer durch die Begebenheit, den Ausdruck der Notwendigkeit, modifiziert und umgestaltet, seine Form und seinen Schwerpunkt gewinnt, und dass es uns so die Natur alles menschlichen Handelns klar macht, das beständig, so wie es ein inneres Motiv
15 zu manifestieren sucht, zugleich ein widerstrebendes, auf Herstellung des Gleichgewichts berechnetes Äußeres entbindet – nur dadurch wird das Drama lebendig. Und obgleich die zugrunde gelegte Idee, von der die hier vorausgesetzte Würde des Dramas und sein Wert abhängt, den Ring abgibt, innerhalb dessen sich alles
20 planetarisch regen und bewegen muss, so hat der Dichter doch im gehörigen Sinn, und unbeschadet der wahren Einheit, für Vergegenwärtigung der Totalität des Lebens und der Welt zu sorgen und sich wohl zu hüten, alle seine Charaktere, wie dies in den sogenannten lyrischen Stücken öfters geschieht, dem Zentrum gleich
25 nah zu stellen. Das vollkommenste Lebensbild entsteht dann, wenn der Hauptcharakter das für die Neben- und Gegencharaktere wird, was das Geschick, mit dem er ringt, für ihn ist und wenn sich auf solche Weise alles, bis zu den untersten Abstufungen herab, in, durch- und miteinander entwickelt, bedingt und spiegelt.
30 Es fragt sich nun: In welchem Verhältnis steht das Drama zur Geschichte und inwiefern muss es historisch sein? Ich denke, so weit, als es dieses schon an und für sich ist und als die Kunst für die höchste Geschichtsschreibung gelten darf, indem sie die großartigsten und bedeutendsten Lebensprozesse gar nicht darstellen
35 kann, ohne die entscheidenden historischen Krisen, welche sie hervorrufen und bedingen, die Auflockerung oder die allmähliche Verdichtung der religiösen und politischen Formen der Welt, als

der Hauptleiter und Träger aller Bildung, mit einem Wort: die Atmosphäre der Zeiten zugleich mit zur Anschauung zu bringen. Die
materielle Geschichte, die schon Napoleon die Fabel der Überein-
kunft nannte, dieser buntscheckige ungeheure Wust von zweifel-
5 haften Tatsachen und einseitig oder gar nicht umrissenen Charak-
terbildern, wird früher oder später das menschliche Fassungsver-
mögen übersteigen, und das neuere Drama, besonders das
Shakespeare'sche, und nicht bloß das vorzugsweise historisch ge-
nannte, sondern das ganze, könnte auf diesem Wege zur entfern-
10 teren Nachwelt ganz von selbst in dieselbe Stellung kommen, worin das antike zu uns steht. Dann, eher wohl nicht, wird man aufhören, mit beschränktem Sinn nach einer gemeinen Identität
zwischen Kunst und Geschichte zu forschen und gegebene und
verarbeitete Situationen und Charaktere ängstlich miteinander zu
15 vergleichen, denn man hat einsehen gelernt, dass dabei ja doch
nur die fast gleichgültige Übereinstimmung zwischen dem ersten
und dem zweiten Porträt, nicht aber die zwischen Bild und Wahrheit überhaupt, herausgebracht werden kann, und man hat erkannt, dass das Drama nicht bloß in seiner Totalität, wo es sich von
20 selbst versteht, sondern dass es schon in jedem seiner Elemente
symbolisch ist und als symbolisch betrachtet werden muss, ebenso wie der Maler die Farben, durch die er seinen Figuren rote Wangen und blaue Augen gibt, nicht aus wirklichem Menschenblut heraus destilliert, sondern sich ruhig und unangefochten des Zinno-
25 bers und des Indigos[1] bedient. [...]"

Aus: Friedrich Hebbel: Werke. Dritter Band. Hg. von Gerhard Fricke, Werner Keller und
Karl Pörnbacher. München: Carl Hanser 1965, S. 545–548

Gero von Wilpert: Das Bürgerliche Trauerspiel

Das Bürgerliche Trauerspiel, ein Drama, dessen Tragik sich nicht
mehr in der Welt von Hof, Staat und Politik, sondern unter Privat-
personen mit ihren eigenen eth. Prinzipien in einer betont bürgerl.
Welt entfaltet, und zwar im Kampf gegen die Unterdrückung durch

---

[1] bezieht sich auf die vorher genannten roten Wangen und die blauen Augen; Zinnober ist eine gelbliche Nuance der Farbe rot; Indigo ein tiefes
dunkelblau

den Adel, in Konflikten innerhalb des Standes, die e. innere Tragik
enthüllen, oder im Zusammenstoß mit dem aufkommenden Ar-
beiterstand, der an der Brüchigkeit bürgerl. Weltordnung Kritik übt.
Diese drei grundsätzl. Möglichkeiten folgen in geschichtl. Reihen-
folge und spiegeln die Entwicklung des Bürgertums wider. Die
Form des b.T. [bürgerlichen Trauerspiels] ist durchweg die Prosa.
Die Verwendung bürgerl. Personen, Geschicke und Lebensauffas-
sung war nicht zu allen Zeiten selbstverständlich. [...] Erst mit dem
Aufstieg e. selbstbewussten und standesstolzen Bürgerkultur ergab sich das Bestreben, die Lebenserfahrungen, sittl. Grundsätze
und Konflikte des neuen Standes auch im angemessenen ernsten
Drama auf der Bühne zu zeigen, zumal die Gleichheit der auf der
Bühne dargestellten Lebensanschauung mit derjenigen der Zuschauer eine viel tiefer greifende Wirkung (Mitleid und Abschre-
ckung) erzielen musste als die kalte Bewunderung lebensferner
Heroen. Das b.T. entwickelt sich mit dem Umschwung von der soz.
zur eth. Wertung des Menschen zuerst in England unter dem dort
früher erstarkten, emanzipierten Bürgertum [...] Der Schöpfer des
dt. b.T. wurde [...] Lessing; nach engl. Vorbild und in krit. Abgren-
zung gegen die franz. Tragödie entsteht 1755, zunächst noch in
engl. Milieu spielend, sein rührendes Familienbild *Miss Sara Samp-
son* und erlebt zahlreiche moralisierende Nachahmungen in der
Zeit bis 1772. Auf der anderen Seite führt seine *Minna von Barnhelm*
(1767) als e. der ersten Lustspiele auch den Adel auf die Bühne. Der
tragische Zusammenstoß von Bürgertum und Adelswillkür erscheint zuerst in LESSINGS *Emilia Galotti* 1772, dem ersten Höhepunkt des b. T.: scharfer Protest gegen absolutist. Willkür führt aus
den rührenden Familienszenen in den größeren Zusammenhang
staatspolit. und sozialer Probleme. Die Reihe der b. T.e, die gegen
Übergriffe des Adels auf das preisgegebene Bürgertum in radikaler
Form Stellung nehmen und die Auflehnung des Individuums gegen die Gesellschaftsordnung verherrlichen, setzt sich in zahlreichen [...] oft formlosen Sozialdramen [...] fort [...] und findet ihre
sprachlich und dramatisch geschlossenste Ausformung in SCHIL-
LERS *Kabale und Liebe* (1783). [...] Klassik und Romantik stehen
dem b.T. fremd gegenüber [...] Isoliert steht BÜCHNERS *Woyzeck*
mit seiner Kritik an der Menschlichkeit. Die 2. Stufe des b.T. setzt

Jahrzehnte später mit HEBBELS *Maria Magdalena* (1844) ein: klein-
bürgerl. Moral und pedant. Pflicht- und Ehrgefühl wenden sich gegen ihre Träger selbst und führen zu Konflikten innerhalb desselben Standes aus seinem Wesen heraus: das Individuum als Opfer
5 der eigenen Gesellschaft. [...] Auf der 3. Stufe des b.T. deckt der
Naturalismus gesellschaftskritisch die Lebenslüge des selbstzu-
friedenen Bürgertums auf und vertritt ihm gegenüber oft die Forde-
rungen des rechtlosen Arbeiterstandes. [...] Die Kritik an den brü-
chigen Lebensformen steigert sich bis zur Verzerrung und Karika-
10 tur im Expressionismus und Surrealismus. [...] In mod. Dramatik
verliert die ständische Bz. B.T. ihre Relevanz. [...]

Aus: Gero von Wilpert: Sachwörterbuch der Literatur. Stuttgart: Alfred Kröner Verlag,
8. verbesserte und erweiterte Auflage 2001, S. 115 f.

8. Literarische Bearbeitung

Franz Xaver Kroetz' „Maria Magdalena" stellt die bisher bedeutendste literarische Bearbeitung von Hebbels „Maria Magdalena" dar. Kroetz nennt seine Adaptation ‚Komödie', womit er bereits eine entscheidende Veränderung gegenüber der Vorlage anspricht. Spannungsfelder und Übergänge zwischen den beiden Texten lassen sich am folgenden Textauszug ablesen.

Franz Xaver Kroetz: Maria Magdalena (1974) (Auszug)

16. Schattenkabinett

Papa. *(kommt):* Da bin ich.
Der Herr Sohn.
Findst auch mal wieder einmal heim,
nachdem die Schande da war.

5 **Karl.** Servus, Papa!

Papa. Grüß Gott, Ihr zwei.

Karl. Gestern hams mich auslassn[1] in München.
Heut bin ich da.
Schneller geht es ned.

10 **Papa.** Abend.
Ich müsst dir etwas sagen, was mir
nicht angenehm is, aber,
ich habe deine Schuldn bezahlt.
Das muss langen[2].

15 **Karl.** Die Firma dankt.

Papa. Das is nahrhafter wie ein schlechtes Gewissn.
Ebn. Und jetz?

Karl. Keine Sorgn.
Ich geh nach München.

20 Bald.

Papa. Es ist das Beste.
Hier ist deine Zeit aus.

Karl. Ich weiß es. *(Pause)*

---

[1] bayr. für: haben sie mich freigelassen
[2] bayr. für: reichen

Das ist ein Empfang, wo man suchn muss.
Wo man direkt aus der Unschuld kommt.
Papa. Seit die Mama tot ist,
is es ruhig in dem Haus.
5 **Karl.** Mein herzliches Beileid im Nachhinein.
Papa. Warst schon auf dem Friedhof?
Bestimmt nicht.
Karl. Und wie.
Papa. Es ist ein Trost dass mir noch ein Plätzchen
10 ham kriegn können[1] bei die Waldgräber[2].
Da liegt sie jetz und freut sich.
Mich legts auch dazu.
Der neue Teil vom Friedhof is trostlos.
Sie liegt auf 2 Meter dreißig.
15 Absicht.
Auf ein Meter 80 kann noch wer[3] kommen.
Das bin ich.
Karl. Wie du willst.
Versprochen.
20 **Papa.** Schad, dass'd es[4] nicht sehn hast können.
Die Beerdigung.
Mindestens dreihundert Menschen!
Ein Festzug, sozusagen.
Angestarrt hams[5] uns, deine Schwester und mich!
25 Nicht zum Schildern!
Als wenn ich
der Heinz Rühmann sein tät[6].
Man kann es sagn, mir warn[7]
die Sensation des Tages.
30 Das hast du uns angetan.

---

[1] bayr. für: wir...bekommen konnten
[2] hier grammatikalisch korrekt: den Waldgräbern
[3] bayr. für: jemand
[4] bayr. für: Schade, dass du es
[5] bayr. für: haben sie
[6] bayr. für: wäre
[7] bayr. für: wir waren

Karl. Ich wasch meine Hände in Unschuld!
Die Polizei is ein einziger Mord!

Papa. Wennst du nicht bekannt sein tätst[1] in der Stadt,
wie ein bunter Hund,

5   mit deine Schulden[2] ecetera,
wär es nicht gekommen, dass die Polizei
an dich denkt.
Die denken nur an das,
was offensichtlich is.

10 **Karl.** Pech!

Papa. *(sieht den Brief):* Ein Brief für mich?

Marie. Wiest[3] willst.

Papa. *(liest):* Das is sauber.
Dieses Schwein von Gottes Gnaden.

15   Davon weiß ich gar nix.

Marie. Und ein Kind krieg[4] ich auch von ihm.

Papa. So!
Mit die verdammtn Saufratzn[5] bleibt einem
nix erspart.

20   Die Mama hat schon recht gehabt,
die hat den bessern Teil gewählt
und is gestorbn.
Wenn nur mich der Teufel geholt hätt,
statt ihr.

25   *(Pause)*
Blöder Trampel.

Marie. Mei.
(Pause)

Papa. Ich steh nicht gut für das Kind.

30   Das sag ich dir, da kannst dich drauf verlassn.
Lieber halt ich mir einen Hund!
Das is ein Kind wo mich nix angeht.

---

[1] bayr. für: Wenn du nicht bekannt wärst
[2] hier grammatikalisch korrekt: mit deinen Schulden
[3] bayr. für: Wie du
[4] bayr. für: bekomme
[5] bayrisches Schimpfwort für Kinder

Marie. Das mach ich schon.
Papa. Und mit was, wenn man fragn darf?
Das lebt nicht von der Liebe,
so ein Kind, sondern
5   vom Geld, wie andere Leut auch,
weil es ein Mensch is.
Brauchst bloß einmal hineingehn in eine
Apothekn und schaun was das kost:
Babykost!
10   Aletekost fürs Kind, das braucht
es heute,
weil es alle ham
sonst bleibt es zurück.

17. Bilanz

Peter. *kommt:* Guten Abend miteinander!
15   Karli grüß dich, alter Spezl[1]!
Also ich hab es gleich gewusst!
Der Karli ist unschuldig!
Wie ich.
Marie. Ich hab es auch gewusst.
20 **Karl.** Zwei, danke.
Papa. Ich hab deine Schuldn zahlt, das langt.
217 Mark.
Karl. Merchie![2]
Peter. Ich hab mit dem Leo geredet, grade.
25   Mein Papa wird sein Bestes versuchn.
Aber ich weiß nicht.
Er will die Hapfinger Fanny heiraten.
Wie es ausgeht, steht in den Sternen.
Gemein war es, was es nicht gebraucht hätt.
30 **Karl.** Ein Schwein.
Peter. Ja.
Heiratn tut er dich nicht, so viel is vorerst klar.

---

[1] bayr. für: alter, guter Freund
[2] Danke

(Pause)

Marie. Und warum heiratest du mich nicht?

Peter. Geh, wie kannst denn da fragn?!

Marie. Dann bring ich mich um. *(Pause)*

5   Nimm mich mit nach München, Karl!

Karl. München ist groß.

       Da muss ich selber erst auf meine Füß stehn.

       Dann kannst nachkommen.

Marie. Papa, wo ich deine Tochter bin!

10 **Papa.** Mit mir kann man nicht rechnen.

       Ein lediges Kind seh ich nicht,

       weil es für mich nicht existiert.

       Erziehung!

       Wer bin ich denn?

15   Ich kann nicht heraus aus meiner Haut.

       Und Schuster ist ein Handwerk,

       das unbarmherzig stirbt.

       Ich hab eine Annonce in die Zeitung getan,

       ich heirat noch einmal.

20   Es muss sein.

       Das Alter ruft und ein unschuldiger Witwer,

       das zieht.

       Ich denk an mich und überleb.

Marie. Ich bin dir ganz hörig Peter,

25   wennst mich nimmst,

       die Komödie wachst[1] mir über den Kopf.

       Ganz unbarmherzig.

Peter. Und was sagt mein Papa.

       So wie es steht.

30 **Marie.** Der Leonhard nimmt mich auch nicht.

Peter. Schlechte Aussicht.

       (Pause)

Marie. Dann –

Papa. – bringst du dich um.

35   Das ist bekannt und fad.

---

[1] bayr. für: wächst

		Machen wir einen Skat, die Herrn?
	Karl.	Is das nicht unbarmherzig?
	Peter.	Warum?
		Bloß der Leo fehlt und es geschieht ihm recht
5		und keiner muss aussetzn.
	Papa.	Keine Ausredn.
		Ich gib.
		(Tut es, sie fangen an Skat zu spielen.)
	Marie.	Und ich?
10	**Peter.**	Tust kibitzn[1].
	Marie.	*(verzweifelt ab.*
		Papa, Peter und Karl spielen einige Zeit.)
	Marie.	*(kommt zurück)* Damits es wissts:
		Ich hab mich vergiftet.
15		*(Pause)*
		Papa,
		Karl,
		Peter,
		ich habe mich vergiftet!
20		*(Pause)*
		Ich hab mich vergiftet!
		(Schreit) Hilfe!
	Papa.	Mach kein Theater.
	Marie.	Hilfe!
25		Ein Selbstmord,
		den ich nicht überleb!
		Polizei,
		Rettung!
		Anrufen sofort einhundertelf
30		die Feuerwehr!
	Karl.	Einhundertzwölf is Feuerwehr!
	Marie.	*(will etwas sagen, bringt nichts heraus)*
	Peter.	Zerscht[2] musst tot sein,
		dann glauben wir es!

---

[1] bayr. für: kiebitzen; beobachten
[2] bayr. für: zuerst

(Sie lachen. Pause)
Hol ein Bier, is gscheiter.
(Pause)
Marie. Ja. *(Ab.)*

Ende

[...]

Aus: Franz Xaver Kroetz: Oberösterreich. Dolomitenstadt. Maria Magdalena.
Münchner Kindl. Frankfurt/M.: Suhrkamp 1974

9. Einen Text beschreiben und deuten (analysieren)

Ein gewichtiger Teil der Arbeit an dem Drama wird für Sie darin bestehen, einzelne Szenen zu analysieren, d. h. zu beschreiben und zu deuten, und die Ergebnisse in einem Text zusammenzufassen. Im Folgenden erhalten Sie einige Tipps, wie Sie dabei sinnvoll vorgehen können und wie eine Textanalyse aufgebaut werden kann.

1. Vorarbeiten

Lesen Sie die entsprechende Textstelle sorgfältig durch und markieren Sie alle Auffälligkeiten, z. B. sprachliche Besonderheiten, Bezüge zu Textstellen, die Sie bereits bearbeitet haben, mögliche Untersuchungsgesichtspunkte, Deutungsansätze. Markieren Sie nach Möglichkeit mit unterschiedlichen Farben oder unterschiedlichen Unterstreichungen (durchgezogene Linie, Wellenlinie, gestrichelte Linie …).

2. Auswahl einer geeigneten Analysemethode

Texte können auf unterschiedliche Weise analysiert werden. Im Wesentlichen geht es dabei um zwei Methoden:

a) Die Linearanalyse

Der Text wird von oben nach unten bzw. vom Beginn bis zum Ende bearbeitet. Dabei geht man nicht Satz für Satz vor, sondern kennzeichnet zunächst den Aufbau des Textes und bearbeitet die einzelnen Abschnitte nacheinander. Der Vorteil dieser Methode besteht darin, dass ein Text sehr detailliert und genau bearbeitet wird. Vor allem bei kürzeren Auszügen ist diese Analysemethode zu empfehlen.

Man kann sich jedoch auch im Detail verlieren und die eigentlichen Deutungsschwerpunkte zu sehr in den Hintergrund drängen und den Zusammenhang aus dem Auge verlieren, wenn man zu kleinschrittig vorgeht.

b) Die aspektgeleitete Analyse

Der Schreiber bzw. die Schreiberin legt vorab bestimmte Unter-suchungsaspekte fest und arbeitet diese nacheinander am Text ab. Der Vorteil dieser Methode besteht darin, dass der eigene Text einen klaren Aufbau erhält und der Leser/die Leserin von Beginn an auf die wesentlichen Untersuchungsaspekte hinge-wiesen werden kann.

Ein Nachteil kann darin bestehen, dass einige Deutungsaspek-te, die als nicht so gewichtig angesehen werden, unter den Tisch fallen.

3. Der Aufbau einer Linearanalyse

1. Einleitung: Hinweise auf den Text geben, aus dem die Szene stammt; evtl. über den historischen Hintergrund in-formieren; Ort, Zeit und Personen der zu behandeln-den Szene angeben, kurze Inhaltsübersicht darbieten

2. Einordnung der Szene in den inhaltlichen Zusammenhang (Was geschieht vorher, was nachher?)

3. Zusammenfassende Aussagen zum inhaltlichen Aufbau, zu den Textabschnitten (kann auch in den folgenden Teil einfließen)

4. Genaue Beschreibung und Deutung der Textabschnitte
   - Aussage zum Inhalt des jeweiligen Abschnitts
   - Aussagen zur Deutung, evtl. auch Einordnung der Deutun-gen in den Gesamtzusammenhang des Dramas (s. auch Schlussteil)
   - Aussagen zur sprachlichen Gestaltung als Beleg für die Deu-tungen
   - Überleitung zum nächsten Textabschnitt

5. Schlussteil: Zusammenfassung der Analyseergebnisse, Einord-nung der Analyseergebnisse in den Gesamtzusam-menhang des Dramas und in den zeitgeschichtli-chen Hintergrund (falls nicht im Rahmen der Line-aranalyse erfolgt), persönliche Wertungen ...

4. Der Aufbau einer aspektgeleiteten Analyse

Die zuvor aufgelisteten Punkte 1., 2. und 5. gelten auch für diese Analysemethode. Es ändern sich die Punkte 3. und 4.:

3. Kennzeichnung der Aspekte im Überblick, die im Folgenden detailliert am Text untersucht werden sollen

4. Analyse des Textes entsprechend den zuvor genannten Schwerpunkten
   - Nennen des Untersuchungsaspektes
   - Kennzeichnung des inhaltlichen Zusammenhangs, in dem er relevant ist
   - Aussagen zur Deutung
   - Aussagen zur sprachlichen Gestaltung als Beleg für die Deutungen

5. Auch das sind wichtige Tipps für eine Szenenanalyse

- Vergessen Sie bei dramatischen Texten nicht, die Regieanweisungen in die Analyse einzubeziehen.
- Beachten Sie, wie die Dialogpartner miteinander sprechen, welche Gesten sie vollführen und welche Beziehung sie zueinander verdeutlichen.
- Belegen Sie Ihre Deutungsaussagen mit dem Wortmaterial des Textes. Verweisen Sie entweder auf sprachliche Besonderheiten oder arbeiten Sie mit Zitaten.
- Bauen Sie Zitate korrekt in Ihren eigenen Satzbau ein oder arbeiten Sie mit Redeeinleitungen. Vergessen Sie nicht, die Fundstelle anzugeben. Beispiel: Mit dem Ausruf „Er ist es! Nathan!" (V. 1) verdeutlicht der Autor die Ungeduld, mit der Daja auf Nathan gewartet hat. Überrascht stellt Nathan die Frage: „Doch warum *endlich*?" (V. 3).
- Verwenden Sie für die Beschreibung des Wortmaterials die entsprechenden Fachausdrücke (Wortarten, Satzglieder, rhetorische Figuren …)

- Schreiben Sie im Zusammenhang. Verlieren Sie den „roten Faden" nicht aus dem Auge. Folgt ein neuer Gesichtspunkt, formulieren Sie nach Möglichkeit eine Überleitung.
- Machen Sie die gedankliche Gliederung Ihres Textes auch äußerlich durch Absätze deutlich.

10. Literatur

Primärliteratur

Friedrich Hebbel: *Maria Magdalena*. In: Friedrich Hebbel. Werke. Erster Band. Hg. von Gerhard Fricke, Werner Keller und Karl Pörnbacher. München: Carl Hanser 1963.

Friedrich Hebbel: Werke. Vierter Band. Hg. von Gerhard Fricke, Werner Keller und Karl Pörnbacher. München: Carl Hanser 1966.

Friedrich Hebbel: Werke. Fünfter Band. Hg. von Gerhard Fricke, Werner Keller und Karl Pörnbacher. München: Carl Hanser 1967.

Martin Luther: Die Bibel oder die ganze Heilige Schrift des Alten und Neuen Testaments. Textfassung 1912. Stuttgart: Dt. Bibelgesellschaft 1985.

Sekundärliteratur

Bors, Marc: Duell und juristischer Ehrenschutz. Zur Rolle des Duells in der Literatur zum Ehrverletzungsrecht im 19. Jahrhundert. In: Ulrike, Ludwig. Barbara, Krug-Richter. Gerd, Schwerhoff (Hg.): Das Duell. Ehrenkämpfe vom Mittelalter bis zur Moderne. Konstanz: UVK Verlagsgesellschaft mbH 2012. S. 175 f.

Eloesser, Arthur: Das Bürgerliche Drama. Seine Geschichte im 18. und. 19 Jahrhundert. Berlin: Verlag von Wilhelm Herz 1898. (Reprogr. Nachdr. Genf 1970), S. 215–218.

Foltinek, Herbert: Realismus. In: Das Fischerlexikon Literatur N-Z. Frankfurt am Main: Fischer, 1996, S. 1575–1587.

Görtler, Rudolf: Vater treibt Tochter in den Selbstmord. In: inFranken.de, 13. Juli 2012.

Häntzschel, Günter (Hrsg.): Bürgerliches Frauenbild. In: Bildung und Kultur bürgerlicher Frauen 1850–1918. Eine Quellendokumentation aus Anstandsbüchern und Lebenshilfen für Mädchen und Frauen als Beitrag zur weiblichen literarischen Sozialisation. Tübingen: Niemeyer 1986, S. 6 f.

Heidi Rosenbaum: Formen der Familie. Untersuchungen zum Zusammenhang von Familienverhältnissen, Sozialstrukturen und sozialem Wandel in der deutschen Gesellschaft des 19. Jahrhunderts. Frankfurt a.m.: Suhrkamp 3. Auflage, 1983, S. 316–318.

Höffe, Otfried (Hg.): Lexikon der Ethik. 7., neubearbeitete und erweiterte Auflage. München: Beck 2008, S. 56–57.

Kroetz, Franz Xaver: Maria Magdalena. Frankfurt a.m. 1974.

Polter, Carolin: Tragödie mit heiteren Funken. In: Neue Presse Coburg, 13. Juli 2012.

Vischer, Friederich Theodor: Zum neueren Drama. Hebbel [1847]. (vollständige Bibliographie wird nachgereicht!)

Wilpert, Gero von: Sachwörterbuch der Literatur. Stuttgart: Alfred Kröner Verlag, 8. verbesserte und erweiterte Auflage 2001, S. 115 f.

Bildnachweis:

|akg-images GmbH, Berlin: 93, 104, 105, 105. |Berliner Ensemble, Berlin: Maria Magdalena, Berliner Ensemble (2013), Inszenierung: Nicole Felden, Foto: Martin Walz. Auf dem Foto: Marko Schmidt, Roman Kaminski, Detlef Lutz, Larissa Fuchs, Felix Tittel, Claudia Burckhardt 122. |Picture-Alliance GmbH, Frankfurt/M.: 122. |Theater Augsburg, Augsburg: Foto: Nik Schölzel 121.

Wir arbeiten sehr sorgfältig daran, für alle verwendeten Abbildungen die Rechteinhaberinnen und Rechteinhaber zu ermitteln. Sollte uns dies im Einzelfall nicht vollständig gelungen sein, werden berechtigte Ansprüche selbstverständlich im Rahmen der üblichen Vereinbarungen abgegolten.